SAINTE SOLINE

OU

LES PREMIERS MARTYRS

DE L'ÉGLISE DE CHARTRES

Par M. l'Abbé Th. LORIOT, Curé d'Oisonville

(Eure-et-Loir)

LAURÉAT DES CONGRÈS CATHOLIQUES

MEMBRE CORRESPONDANT DE LA REVUE UNIVERSELLE DES LETTRES,
DES SCIENCES ET DES ARTS DE VOLTRI (ITALIE)

CHARTRES
IMPRIMERIE GARNIER
15, Rue du Grand-Cerf, 15

1884

Tous droits réservés

SAINTE SOLINE

CHARTRES. — IMPRIMERIE GARNIER.

SAINTE SOLINE

OU

LES PREMIERS MARTYRS

DE L'ÉGLISE DE CHARTRES

Par M. l'Abbé Th. LORIOT, Curé d'Oisonville

(Eure-et-Loir)

LAURÉAT DES CONGRÈS CATHOLIQUES

MEMBRE CORRESPONDANT DE LA REVUE UNIVERSELLE DES LETTRES,

DES SCIENCES ET DES ARTS DE VOLTRI (ITALIE)

CHARTRES

IMPRIMERIE GARNIER

15, Rue du Grand-Cerf, 15

1884

Tous droits réservés

PRÉFACE

E récit que nous offrons au lecteur est un épisode emprunté à l'histoire de notre vieille cité chartraine. Il est peu de chroniqueurs qui, à côté de nos origines chrétiennes, n'aient enregistré l'effusion du sang de nos premiers martyrs, illustres victimes, prémices glorieuses de la conquête commencée au nom de Jésus-Christ par les Apôtres ou leurs envoyés les plus immédiats. « Pierre, le prince du collége apostolique, le » chef de l'Église, le vicaire, le représentant » de Jésus-Christ sur la terre, donna à son » tour, au nom du Sauveur, à des hommes » remplis de l'esprit de Dieu, la mission » d'aller porter la bonne nouvelle du salut à » diverses nations infidèles. La Gaule fut de

» *ce nombre, et la tradition rapporte que la*
» *cité des Carnutes fut une des premières villes*
» *de cette contrée qui eut le bonheur de con-*
» *naître l'Incarnation du Verbe, mystère*
» *ineffable, auquel ce peuple était merveilleu-*
» *sement initié à l'avance par le culte séculaire*
» *qu'il avait rendu à la* « Vierge devant en-
» fanter, Virgini pariturae[1]. »

» *La Providence divine, si admirable dans*
» *son action invisible et pourtant incessante,*
» *dit M. de Chergé, n'avait pas sans dessein*
» *réuni le monde dans la main d'Auguste.*
» *Quand elle faisait l'univers presque tout*
» *entier romain, c'était pour qu'il pût devenir*
» *plus promptement chrétien, c'était pour que*
» *la mission donnée aux Apôtres pût être,*
» *selon les vues purement humaines, rendue*
» *relativement plus facile. Eh bien! nous*
» *n'admettrons jamais que la source de la foi*
» *ait pu bouillonner presque inerte et sans*
» *vertu, concentrée dans l'étroite enceinte de*

---

[1] Histoire de N.-D. de Chartres, *par un des rédacteurs de la* Voix de N.-D., *p.* 5.

» *Rome, alors que le sol des contrées voisines,*
» *desséché par les arides doctrines du paga-*
» *nisme, avait soif des eaux vivifiantes qui*
» *devaient le féconder et lui faire produire*
» *des fruits de sanctification ; nous n'admet-*
» *trons jamais que les peuples de la Gaule*
» *aient été déshérités pendant près de trois*
» *siècles, du bienfait auquel ils avaient droit*
» *plus que tous les autres peuples, eux qui,*
» *semblables à ces nobles races physiquement*
» *dégénérées, mais auxquelles il reste encore*
» *des traces de leur illustre origine, avaient*
» *conservé l'idée d'un Dieu unique mêlée aux*
» *grossières fictions du polythéisme grec al-*
» *téré et aux sanglantes immolations de leurs*
» *Druides, et qui vénéraient dans le plus*
» *célèbre de leurs sanctuaires l'image de la*
» *Vierge qui devait enfanter*[1]. »

Intéressés à rompre les anneaux de cette longue chaîne qui unit si fortement l'Église catholique à son Fondateur divin, le Protes-

---

[1] Les Vies des Saints du Poitou, *par Ch. de Chergé,* p. 2.

tantisme, et après lui, le Jansénisme, s'étaient plu à obscurcir ces magnifiques traditions, véritables titres de noblesse pour nos Églises ; mais aujourd'hui, grâce à un retour marqué vers des idées plus saines, et surtout aux lumières répandues par des ouvrages judicieux autant que remarquables, l'heure est venue de dire toute la vérité sur nos origines chrétiennes et de lever tous les doutes qui pouvaient encore subsister à cet égard. « *Les travaux récents
» d'un écrivain, aussi érudit que modeste, sur
» l'apostolat de la Provence*[1], *accueillis par
» l'admiration générale, pour la science vraiment prodigieuse qu'ils révèlent dans leur
» auteur, sont venus protester contre cet
» oubli trop complet du passé... La prescription qui commençait en faveur de l'école
» anti-traditionnelle a donc été interrompue,
» et les historiens futurs en trouveront dans
» les écrits de notre époque de nombreux et*

---

[1] Monuments inédits sur l'apostolat de Ste Marie-Magdeleine en Provence, *par M. Faillon, Migne. 2 vol. in-4º.*

» *éloquents témoignages*[1]... » *En opposant d'ailleurs de pareilles objections ou des fins de non-recevoir,* « on oublie, *répond Baronius*[2],
» *que saint Pierre et saint Paul et les autres
» ouvriers apostoliques ne demeuraient point
» à poste fixe, comme nos évêques actuels, dans
» une seule ville ou un seul diocèse. Pendant
» que Paul parcourait seul l'Orient, depuis
» l'Illyrie jusqu'à Jérusalem, Pierre portait
» l'Évangile dans tout l'Occident et pénétrait
» jusque dans la Grande-Bretagne. Telle est,
» en effet, la tradition qui nous a été conservée
» par Métaphraste*[3]. *Et si l'on prétendait re-
» jeter comme suspecte l'autorité de cet écri-
» vain, il faudrait du moins s'incliner devant
» l'affirmation de saint Paul lui-même, qui
» précisément dans son épître aux Romains,
» signale le fait de l'universelle propagation
» de l'Evangile, en son temps, comme un phé-*

---

[1] Hist. générale de l'Église, *par l'abbé Darras, t. V,
p.* 516.

[2] *Baronius*, Annal. ecclés., *t. I, p.* 387.

[3] Métaphrastes, *Die* 20, *Junii*.

» *nomène de notoriété publique : — La voix*
» *des Apôtres, dit-il, a parcouru le monde,*
» *leur parole a retenti sur tous les points du*
» *globe*[1]. » — « *Or*, conclut M. l'abbé
» Darras, *pour qu'il en fût ainsi, en l'an 58,*
» *date de l'épître aux Romains, il avait fallu*
» *que chacun des Apôtres multipliât, dans un*
» *cercle immense, son activité personnelle.*
» *Pierre, leur chef, serait-il donc resté seul*
» *en dehors de ce mouvement énergique? Le*
» *penser serait une injure à son caractère et*
» *un démenti à tout ce que nous savons de son*
» *histoire. Il faut donc, de toute nécessité,*
» *admettre que les vingt-cinq années de son*
» *pontificat à Rome ne furent point vingt-cinq*
» *années de résidence sédentaire et de séjour*
» *constant*[2]. »

Que si nous avions entrepris de soutenir cette thèse de l'apostolicité des Églises des Gaules contre les novateurs opiniâtres ou leurs

---

[1] *Rom.*, X, 18.

[2] Hist. générale de l'Église, *par l'abbé Darras, t. VI, p.* 92.

sectateurs arriérés, qui n'hésitent pas à faire table rase des traditions les plus respectables, nous aurions à leur opposer plus d'un monument en preuve de ce qui, pour nous, sur la foi d'auteurs graves et sérieux, semble revêtir tous les caractères d'une véritable authenticité. A ce propos, citons encore le passage suivant : « *La tradition historique qui nous
» a conservé le souvenir du dernier voyage
» des Apôtres à Jérusalem, nous apprend éga-
» lement que saint Paul avait réalisé le projet
» formé par lui d'aller évangéliser l'Es-
» pagne*[1]. *Nous avons cité précédemment les
» témoignages unanimes des Pères de l'Église
» à ce sujet*[2]. *Nous pouvons y joindre comme
» corollaire la fameuse inscription du temple
» de Néron, découverte dans les ruines de
» Marcussia, en Lusitanie. Elle atteste les
» rapides progrès de la prédication de saint
» Paul en Espagne. Voici cette inscription :
» —* « *A Néron Claudius, César, Auguste,*

---

[1] *Rom.*, XV, 24.
[2] Hist. générale de l'Église, *t. V, p.* 529-530.

» *Pontife suprême, pour avoir purgé la pro-*
» *vince des brigands et de la secte qui prêchait*
» *au genre humain une superstition nouvelle*[1]. »
— Il nous est donc permis de dire avec saint
Jérôme : — « L'Apôtre des nations, le sublime
» *Paul, s'élança en conquérant et sillonna la*
» *terre. Il prêcha l'Évangile depuis Jérusalem*
» *jusqu'en Illyrie, et de là jusqu'en Espagne.*
» *Il fournit sa course depuis la mer Rouge*
» *ou plutôt depuis un océan jusqu'à l'autre,*
» *imitant son Maître, le divin Soleil de justice*
» *dont il est écrit : D'un bond, il vole d'une*
» *extrémité du ciel à l'autre. La terre manqua*
» *sous les pas de Paul, avant que son zèle eût*
» *éprouvé une défaillance*[2]. — Or, saint Paul

---

[1] *Voici cette inscription, telle que Baronius l'a citée* (Annal. ecclés., *ad annum* 69, § 46.)

NERONI CL. CÆS. AUG.
PONTIF. MAX. OB PRO
VIN. LATRONIB. ET HIS
QVI NOVAM GENERI HVM.
SVPERSTITIONEM INCVLCAR.
PVRGATAM.

[2] *S. Hieron. In Amos comment.*, c. V.

» se rendant de Rome en Espagne, dut suivre
» cette voie romaine, si célèbre chez les anciens,
» qui allait d'Italie dans la Bétique, en tra-
» versant les Gaules et passant par Nice,
» Arles, Narbonne et les Pyrénées. Cette ob-
» servation, judicieusement relevée par de
» Marca, nous explique les paroles de la chro-
» nique de saint Adon : — *Paul, mis en
» liberté par Néron, passa en Espagne, et il
» laissa comme missionnaires Trophime à
» Arles et Crescent à Vienne*[1]. — L'Église de
» Tolède met à la tête de ses évêques un Ro-
» main de race patricienne, saint Marcel, que
» l'apôtre saint Paul convertit durant son
» séjour en Espagne. L'Église de Tortosa
» honore comme son premier évêque saint
» Rufus, fils de Simon le Cyrénéen, venu avec
» l'Apôtre en Espagne, et chargé par lui de
» l'administration de cette chrétienté[2]. Le

---

[1] *Ado Vienn.*, chronic.

[2] *Florez*, Espâna Sagrada, *t. III, c. V,* § 3 ; *Baron*, Annal. eccl., *ann.* 69, n° 46 ; *Alphons. de Requêna*, Historia de adventu Pauli in Hispan.

1.

» *Martyrologe romain nous a transmis le
« nom de deux Espagnoles, Xantippa et Po-
» lyxène, converties par saint Paul[1]. Ainsi,
» la tradition, les martyrologes et les monu-
» ments lapidaires, s'accordent avec le texte
» même des épîtres canoniques pour attester la
» réalité du voyage de saint Paul en Es-
» pagne[2].* »

De tous ces témoignages et de plusieurs autres que l'on pourrait de même invoquer, ne sommes-nous pas raisonnablement induits à croire que le chef du collége apostolique dont la résidence dans la capitale du monde souvent interrompue est facilement attestée, aurait porté ses pas vers d'autres contrées pour y répandre la bonne nouvelle du salut, selon le commandement exprès qui en avait été fait par le Maître : « *Allez, enseignez toutes les nations[3]...* » Et quelle contrée, plus que la

---

[1] Martyrol. Rom., 23 septembris.

[2] Hist. générale de l'Église, *par l'abbé Darras*, t. VI, p. 178-179.

[3] S. Matt., XXVIII; 19.

Gaule, alors envahie et sillonnée en tout sens, non-seulement par les soldats, mais encore par les administrateurs romains, eût pu s'offrir à la prédication de l'Évangile[1] ? *Autant il eût été étrange que pas un seul des Apôtres n'eût songé à évangéliser cette belle et vaste contrée déjà comme préparée de Dieu à recevoir la bonne semence, autant au contraire il paraît naturel que saint Paul et même saint Pierre, se soient ardemment préoccupés de faire luire la grande lumière qui venait de briller sur le monde jusqu'aux contrées les plus éloignées de l'extrême Occident.*

Dans tous les cas, en admettant qu'il puisse

---

[1] *Une grande quantité d'armes, de monnaies et d'autres vestiges trouvés dans nos villes et dans nos campagnes attestent surabondamment par leurs dates, qu'il est facile de leur enseigner une provenance d'origine romaine et même de les faire remonter aux premiers siècles de l'ère moderne. Ce sont autant de preuves palpables de la diffusion de l'élément romain au milieu des peuplades de l'ancienne Gaule, peu de temps après sa conquête. N'était-ce pas d'ailleurs dans les habitudes de ceux qui se regardaient comme les maîtres du monde ?*

surgir encore quelque contestation au sujet de cette mission personnelle du Prince des Apôtres, il paraît hors de doute que nos premiers Pontifes firent partie de cette phalange qui fut envoyée par saint Pierre lui-même. Avec Tertullien, nous pouvons dire que « dès l'origine, » les diverses nations des Gaules, celles-là » même que Rome n'avait pu soumettre, comp- » taient des âmes soumises à la loi du » Christ[1] ; » avec les plus éminents évêques du VIe siècle, que « dès la naissance du christia- » nisme, la vraie foi avait commencé à respi- » rer dans les pays de la Gaule[2]. » Or, la cité Carnute étant regardée comme le principal centre du culte druidique, elle ne tarda pas à avoir part aux bienfaits qui lui étaient ménagés par la grâce divine. « Lorsque saint » Potentien[3] et saint Altin arrivèrent dans

---

[1] Les Vies des Saints du Poitou, p. 3.

[2] Ibid.

[3] Saint Potentien faisait partie de la mission envoyée par saint Pierre dans la Gaule. Les remarquables travaux de M. l'abbé Faillon ont achevé de dissiper les doutes qui pouvaient rester à cet égard.

» *l'antique Autricum, ils furent surpris de*
» *n'y trouver aucun temple, aucun vestige*
» *d'idolâtrie: mais apprenant que ses habi-*
» *tants n'avaient d'autre lieu sacré pour s'y*
» *réunir dans une commune prière qu'une*
» *grotte mystérieuse, ils s'y firent conduire,*
» *et apercevant l'inscription prophétique placée*
» *aux pieds de la statue élevée par les Druides,*
» *ils rendirent grâces à Dieu de les avoir con-*
» *duits au milieu d'une nation si bien préparée*
» *à croire Celui qui, sous le doux nom de Jésus,*
» *devait régénérer et sauver l'humanité tout*
» *entière*[1]. »

Mais il ne suffit pas d'avoir montré la diffusion de la lumière évangélique dans les Gaules et jusqu'au sein de la cité Carnute, il convient, et c'est sur ce point sans doute que l'on nous presse, de présenter des preuves de l'existence et de la conversion de Sainte Soline au premier siècle de l'ère chrétienne.

Outre la tradition commune aux Eglises de

---

[1] Histoire de N.-D. de Chartres, *p.* 6.

Chartres, d'Angoulême et de Poitiers, nous alléguerons les témoignages suivants :

« *On ignore, dit M. Ch. de Chergé, la date*
» *précise de ce triomphe ; mais comme la tra-*
» *dition constante des Eglises de Chartres et*
» *de Sens attribue à saint Pierre l'envoi dans*
» *les Gaules de saint Savinien et de saint*
» *Potentien, cette autorité respectable permet*
» *de placer le martyre de sainte Soline vers la*
» *fin du Ier siècle de l'ère chrétienne. On sait*
» *du reste qu'il arriva le 17 d'octobre, jour*
» *où la plupart des martyrologes de l'Eglise*
» *gallicane font mention de la* SAINTE [1]. »

L'abbé Auber dans son Histoire de l'Église et de la province de Poitiers, *après avoir fixé vers l'an 80, la date de son martyre, ajoute ces paroles :*

« ... *Ensevelis à Chartres par les pieuses*
» *mains des fidèles, ses restes y furent véné-*
» *rés jusqu'à nos jours, autorisant la con-*
» *fiance des populations par d'innombrables*

---

[1] Les Vies des Saints du Poitou, *par Ch. de Chergé*, p. 18.

» *grâces obtenues près de son tombeau, où*
» *attirèrent toujours les besoins publics et*
» *particuliers. L'Église de Poitiers ne resta*
» *pas étrangère à ces ferventes démonstrations*
» *Un lieu de prières fut fondé en son honneur*
» *aux environs de Melle, probablement au*
» *village où elle était née, et où l'on put pla-*
» *cer de ses reliques ; un autre s'éleva aussi*
» *dans l'Angoumois, non loin de Barbézieux.*
» *Ces deux monuments,* renouvelés au XIe ou
» XIIe siècle, *sont fort endommagés, moins*
» *par le temps que par la violence de nos*
» *guerres locales, et constituent le centre de*
» *deux paroisses*[1]. »

Dom François Chamard, savant moine bénédictin de l'abbaye de Ligugé, dans son Histoire ecclésiastique du Poitou, *est encore plus précis en ce qui concerne notre bienheureuse Sainte :*
« *A côté de Brancharius et de sa sœur, la*
» *vierge Pia, le Poitou aime à placer la jeune*
» *Soline* mentionnée dans le même document,

---

[1] Mémoires de la Société des Antiquaires de l'Ouest, t. XXX, p. 468.

» *au 17 octobre. Son souvenir se perpétue d'âge*
» *en âge non-seulement par la solennité de sa*
» *fête, mais encore dans le bourg qui porte*
» *son nom, où peut-être elle vint au monde,*
» *non loin de Chey et de Melle*[1]. *Notre pro-*
» *vince ne fut pas néanmoins le théâtre de son*
» *triomphe; elle est allée cueillir la palme du*
» *martyre jusque dans le diocèse de Chartres*
» *où sa mémoire est en grande vénération*[2]. »

D'abord quel est le document dont il est question ?

Il s'agit du « *plus ancien livre liturgique de*
» *la bibliothèque de la ville de Poitiers, et ce*

---

[1] *Sainte-Souline ou Sainte-Soline, autrefois châtellenie. Le ressort de cette jutice ne comprenait que le bourg de Sainte-Souline et quelque terres environnantes. Un juge, un procureur-fiscal, un greffier, deux procureurs, dont un est aussi notaire.* (Mémoires de la Société des Antiquaires de l'Ouest, *année* 1844, *p.* 456*).* — *Cette paroisse compte environ* 600 *habitants : le village du même nom dans le diocèse d'Angoulême a* 300 *âmes.*

[2] Histoire ecclésiastique du Poitou. — Mémoires de la Société des Antiquaires de l'Ouest, *t. XXXVII, p.* 77.

» manuscrit n'est qu'une copie d'un autre beau-
» coup plus ancien *puisqu'il contient toutes les*
» *prières concernant la réception des catéchu-*
» *mènes pendant la semaine sainte* [1]. »

Quant aux saints personnages convertis à la parole de l'apôtre de l'Aquitaine, il en parle en ces termes:

» *Selon une antique tradition, conservée*
» *pendant de longs siècles dans l'abbaye de*
» *Nanteuil, près de Ruffec, saint Martial*
» *aurait converti dans cette vallée solitaire,*
» *un riche Gallo-Romain nommé* Brancharius,
» *avec sa sœur nommée* Pia. *Secondé sans doute*
» *par les exhortations de ces deux fervents*
» *néophytes, il y aurait réuni un groupe de*
» *fidèles assez nombreux, puis élevé un ora-*
» *toire sous le vocable de Notre-Dame; sanc-*
» *tuaire vénéré qui aurait, plus tard, fourni*
» *à Charlemagne l'occasion de fonder en ce*
» *lieu un monastère longtemps célèbre* [2]. »

---

[1] *Bibliothèque de Poitiers, manuscrit* n° 179, du XIIe siècle.

[2] « *Item corpus integrum beatorum Brancharii et*
» *Piæ virginis, ejus sororis, quos B. Martialis...*

Mais des adversaires nous défient de produire des preuves de cette diffusion rapide de la prédication chrétienne dans les diverses contrées de la Gaule :

« Un groupe assez considérable de fervents
» disciples du Christ se forma, continue le
» docte bénédictin, non-seulement dans le chef-
» lieu[1], mais jusqu'aux extrémités de la cité
» poitevine[2]. Nous en avons pour garants les
» découvertes intéressantes faites naguère,
» en bas Poitou, à la suite de fouilles opérées
» notamment à Rézé[3], et au Langon (Vendée).

» baptizavit dum fidem Christi in dicto monasterio de
» Nantolio primus plantavit ; et deinde Karolus
» Magnus ædificavit ob reverentiam beati Martalis. »
(D. Fonteneau, LXVII, 168).

[1] *Saint Martial avait établi son siège dans la ville de Limoges.*

[2] *On peut voir dans l'ouvrage inachevé de M. B. Fillon, intitulé :* Poitou et Vendée, *les nombreuses et irrécusables preuves que le bas Poitou, jusque dans ses parties les plus marécageuses, était couvert de populations très-civilisées dès le premier siècle de l'ère vulgaire.* (Mémoires de la Société des Antiquaires de l'Ouest, t. XXXVII, p. 75, note 3.)

[3] *On y trouva, il y a quelques années, une lampe*

» *Dans cette dernière localité, M. B. Fillon*
» *recueillit, entre autres objets, deux petits*
» *poissons en verre, percés vers la panse, et*
» *destinés évidemment à être portés au cou. Or*
» *on sait, et M. de Rossi a surabondamment*
» *démontré que cet objet symbolique servit,*
» *principalement pendant les deux premiers*
» *siècles, de signe de reconnaissance aux dis-*
» *ciples du Christ, obligés de dérober aux*
» *regards profanes la profession de leur foi.*
» *Ainsi, jusque sur les plages de l'Océan, la*
» *doctrine de l'Evangile acquit dans notre*
» *province de courageuses adhésions* [1]. »

Comment oser, lorsque les preuves sont aussi palpables, nier que la Gaule ne fût pas évangélisée dès le premier siècle de notre ère? Nous sommes donc très-inclinés, sur la foi de

---

sépulcrale en terre rouge grossière, ornée d'un poisson au-dessus d'un calice à deux anses. (*Allery*, Pouillé de Luçon, *introd.*) *Rezé est aujourd'hui du diocèse de Nantes* (Ibid.).

[1] Hist. ecclésiastique du Poitou. — (Mémoires de la Société des Antiquaires de l'Ouest, *t. XXXVII, p. 75-76.*)

documents revêtus de pareilles marques d'authenticité et remontant aussi loin dans le cours des siècles, à regarder sainte Soline comme une des premières converties, ainsi que Brancharius et sa sœur Pia, sainte Valérie à Limoges, et d'autres encore, à la voix du bienheureux apôtre Martial[1]. *De là rien d'extraordinaire que son martyre puisse être placé sous la persécution de Néron, et nous ne voyons pas qu'il soit nécessaire de le transposer vers l'an*

---

[1] « *Né en Orient*, (S. Greg. Turon. *de Gloria confess.*, c. XXVII) *de race juive et de la tribu de Benjamin* (S. Fortunat, opp. Patrol, LXXXVIII, 15), *Martial, d'après une tradition admise jusqu'au XI*ᵉ *siècle, par les Orientaux eux-mêmes* (Patrol. lat., CXLII, c. 1364. — Bulletin de la Société archéol. du Limousin, t. V, p. 24-26), *faisait partie du collège des soixante-douze disciples choisis par le Christ pour être les coopérateurs des douze principaux Apôtres. Il suivit, dit-on, saint Pierre* (Martyrol. Flori, ad diem 30 junii. Patrol, lat., t. XCIV, c. 961) *à Antioche et à Rome, et fut envoyé de cette dernière ville, avec les prêtres Alpinianus et Austriclianus pour évangéliser la province d'Aquitaine.* » (Dom Chamard. — Mémoires de la Société des Antiquaires de l'Ouest, t. XXXVII, p. 73).

80 [1], *sous le règne de Vespasien, qui n'ordonna aucune persécution générale, en donnant ainsi à Quirinus, gouverneur romain de la cité Carnute, une vie d'une longueur démesurée et en contradiction avec les monuments les plus respectables de la tradition* [2].

Inutile, croyons-nous, d'anticiper davantage sur les faits contenus dans ce récit. Encore que les détails dont nous les avons entourés, certaines descriptions, quelques légères circonstances de temps et de lieu, ou les noms de personnages que nous nous sommes permis d'y mêler, ne soient pas tous à l'abri d'une critique sévère, toutefois nous osons affirmer d'une part que leur présence ou leur introduction ne dépasse pas les limites de la

---

[1] *Comme nous le ferons remarquer en son lieu, la légende de Caraunus (S. Cheron) nie l'existence d'une persécution en l'an 80, époque où le saint diacre obtenait à Chartres de merveilleux succès de conversion.*

[2] *Quirinus, d'après la tradition, aurait été gouverneur de la cité dès le temps de Claude. Il eût été rare qu'un proconsul conservât si longtemps ses fonctions.*

vraisemblance, et d'autre part que les principaux faits, ce qui constitue le fond du récit, c'est-à-dire la légende de notre jeune martyre, sainte Soline, et de sa compagne la vierge Modeste, repose sur des documents dont la vérité ne saurait raisonnablement être contestée.

Mais quelle époque assigner au supplice et à la mort, ou plutôt au triomphe des autres martyrs de la cité Carnute? La légende de S. Potentien le place également sous la première persécution générale; là encore nous nous rangerons du côté de la tradition. « Dans ce temps-là, dit M. de Chergé, une cruelle persécution » venait de sévir à Chartres contre le nom » chrétien [1]. » — « *La haine de Néron pour les* » *sectateurs de la religion du divin Crucifié* » *ne put se borner à la capitale. Il étendit à* » *tout l'empire les mesures de proscription, par* » *un décret obligatoire et universel. Ce fait,* » *attesté par tous les auteurs ecclésiastiques,*

---

[1] Les Vies des Saints du Poitou, *par Ch. de Chergé,* p. 17.

» *depuis Tertullion, Origène et Lactance jus-*
» *qu'à Orose et Sulpice-Sévère, est confirmé*
» *d'une manière irréfragable par le témoi-*
» *gnage non suspect de Suétone, et par l'ins-*
» *cription du temple de Marcussia. Dès lors,*
» *le sang chrétien coula à grands flots sur*
» *toutes les plages du monde romain. Ravenne*
» *eut ses martyrs Ursicin et Vital: Milan,*
» *les deux glorieux frères Gervais et Protais,*
» *et les deux missionnaires Nazarius et Celse;*
» *Brescia, saint Alexandre; Juliopolis, en*
» *Espagne, Aquilas et Priscilla, les compa-*
» *gnons fidèles de saint Paul. Enfin la terre*
» *des Gaules reçut alors pour la première fois*
» *la rosée féconde du sang des martyrs. Les*
» *actes authentiques de saint Saturnin nous*
» *parlent de la cruauté déployée alors par le*
» *préfet romain Valérius, à Bellovacum*
» *(Beauvais), et du martyre de saint Firmin*
» *dans la capitale des Ambiani (Amiens)* [1]. »
C'est vers cette époque que les satellites de

---

[1] Histoire générale de l'Église, *par l'abbé Darras*, t. VI, p. 180.

Quirinus, gouverneur de Chartres, d'abord pour Claude, et vraisemblablement ensuite pour Néron, pénétrèrent dans la grotte, changée par les bénédictions de saint Potentien en un temple du vrai Dieu. Les généreux chrétiens qui avaient été convertis à sa parole, préférant la mort à l'apostasie, se laissèrent les uns égorger sur les marches de l'autel, les autres enchaîner sans chercher à se défendre. Les corps des martys furent jetés pêle-mêle dans le puits druidique qui, depuis ce jour, reçut le nom de « Puits des Saints-Forts. »

Mais arrêtons-nous. Ces premières notions forment une sorte de mise en scène et suffisent à fixer l'esprit du lecteur. Il sera facile de suivre les faits contenus dans ce récit. Que si quelques passages semblent appartenir plus particulièrement à la légende, pourquoi les aurions-nous impitoyablement retranchés? En tant qu'elles s'appliquent à la religion, les légendes traditionnelles et populaires ne sont autre chose que « L'histoire poétique du christianisme. » Les écrits des premiers siècles sont pleins des combats et des victoires des martyrs, et lorsqu'il s'agit de cette héroïque époque où les chrétiens, femmes, jeunes filles, enfants mêmes, couraient aux supplices comme à une fête, nous sommes sûrs que les fictions restent bien au-dessous de la réalité, c'était selon le terme de Saint Paul « la folie de la croix[1] » La folie du martyre était contagieuse.

Rien de plus naturel, après tout, que chaque pays chrétien ait ses légendes particulières, conformes à ses souvenirs et à ses antiques traditions.

Le Protestantisme, et après lui, le Jansénisme et même le Gallicanisme, ont fait la guerre aux légendes ainsi qu'à bien des cérémonies et des usages qui charmaient l'imagination et qui parlaient au cœur ; ils ont voulu une religion froide, roide et guindée, et ils ont fait des crimes à l'Eglise de son indulgence maternelle et de son luxe de poésie pour attirer vers Dieu les âmes aimantes.

Sans doute qu'il ne faut pas confondre avec

---

[1] *S. Paul aux Galates; V. 11.*

l'histoire authentique des saints les miracles souvent hasardés de la légende allégorique ou fabuleuse ; mais il ne faut pas non plus «proscrire sans pitié ni ces allégories qui sont des poèmes dans la manière des prophètes, ni ces traditions embellies par une piété simple de génération en génération[1]. »

Or, le récit que nous offrons au lecteur, n'est, à vrai dire, que le simple commentaire des leçons du bréviaire[2]. C'est la légende elle-même reçue et approuvée par l'Église que nous avons développée en y ajoutant certaines données historiques, en précisant quelques circonstances de temps et de lieu, ou en narrant des solennités ou des usages en rapport avec les mœurs et les habitudes des peuplades de la contrée. Grâce aux documents qui nous ont été fournis par l'histoire et la tradition, nous

---

[1] *Migne.* Dictionnaire de Littérature chrétienne, col. 480.

[2] *Nous avons voulu citer en entier cette légende. Voir : Pars autumnalis, suppl. p. 69, 70 (Fête le 16 octobre).*

avons essayé d'esquisser un tableau fidèle des impressions, des luttes et des souffrances de notre jeune sainte et des premiers martyrs de la cité chartraine. Quelques-uns nous reprocheront peut-être de n'être pas assez complets, d'autres, au contraire, d'avoir trop écrit. Les uns et les autres pourront avoir raison. Pour nous, il est un but que nous nous sommes proposé avant tout autre, celui de présenter à l'esprit du lecteur chrétien un livre quelque peu intéressant et même édifiant à la place de tant de romans immondes malheureusement trop répandus. Heureux si nous avons pu l'atteindre, c'est la seule récompense que nous avons ambitionnée !

LÉGENDE DE SAINTE SOLINE

TIRÉE DU BRÉVIAIRE DU DIOCÈSE DE CHARTRES

I

Solina, virgo et martyr inclyta, illustribus in Aquitaniâ parentibus, sed in gentilitatis errore versantibus, nata, a teneris annis ad christianam fidem conversa, totam se Christi obsequio mancipavit; pollicita se nullum velle præter cum sponsum in terris admittere, sed ei, quem mente colebat, etiam carnis integritate semper adhærere.

Soline, non moins célèbre par sa virginité que par son martyre, naquit en Aquitaine, de parents distingués, mais encore imbus des erreurs du paganisme. Convertie à la foi chrétienne dès ses jeunes années, elle se voua tout entière à Jésus-Christ; elle fit même le serment de ne prendre sur la terre d'autre époux que lui, et de rester unie à Dieu par la pureté du corps.

Quod et reverà præstitit; nunquam enim de sententiâ servandæ virginitatis dimoveri potuit, à multis licet propter generis nobilitatem vultûsque elegantiam sollicitata, et à parentibus iterum atque iterum vexata plagisque interdum afflicta. Quorum ne insectationibus ac furoribus cederet, omnes astus eludere fugâ cogitat.

Prudens itaque virgo, relictis parentibus amplissimisque divitiis, incerto sola et alacris itineri se commisit, ac divino Sancti Spiritûs instinctu concitata, urbem Carnutensem transmigrat, ubi santissimæ Virginis Deiparæ famosa erat Œdicula, ut casti propositi tenorem sub tam nobili titulo virginitatis consecraret.

Elle tint fidèlement sa promesse; car sa résolution de conserver sa virginité ne put jamais être ébranlée, encore qu'elle fut assaillie de nombreuses demandes tant à cause de la noblesse de sa naissance que de l'élégance de ses traits. Ses parents employèrent eux-mêmes tous leurs efforts pour vaincre sa résistance, et plusieurs fois s'emportèrent jusqu'à la maltraiter. Dans le but d'échapper aux poursuites des uns et aux fureurs des autres, Soline songe prudemment à prendre la fuite.

Ayant donc quitté ses parents et fait l'abandon d'immenses richesses, la jeune héroïne part seule mais joyeuse, sans redouter aucunement les dangers d'un long voyage. Guidée par l'inspiration divine de l'Esprit-Saint, elle arrive dans la cité Carnute, où il y avait alors une grotte fameuse par le culte que l'on rendait à la Vierge Mère de Dieu, afin d'abriter son serment sous la tutèle d'une si puissante protectrice.

II

Sed persecutione in Christi cultores subortâ, Quirinus, urbis præfectus, auditâ quæ percrepabat de Solinæ virginis famâ, missis lictoribus, suo eam tribunali sisti præcipit, rationem reddituram, cur Crucifixi fidem spargeret, et puellarum animos à connubio, affectu novæ religionis, averteret.

Accedit illa, seque Christianam esse, insuper et Christo sponsalitiâ fide astrictam, vixdum interrogata, ingenue fortiterque confitetur. Miratur præses in corpore muliebri virilem animum, et primo quidem blandis eam sermonibus ad sententiam mutandam provocat : deindè vero minis ac

Mais une persécution s'étant élevée contre les chrétiens, Quirinus, gouverneur de la cité, ayant appris ce que la renommée publiait de la jeune Soline, envoya ses licteurs, et la fit comparaître à son tribunal, afin de lui demander raison de l'ardeur qu'elle mettait à répandre la religion d'un Crucifié et à détourner du mariage l'esprit des jeunes filles par affection de la religion nouvelle.

La jeune chrétienne se présente au gouverneur qui l'interroge : elle fait aussitôt l'aveu d'un ton aussi ingénu que plein de fermeté, qu'elle est Chrétienne et qu'elle a engagé sa foi à Jésus-Christ. Le gouverneur reste frappé d'étonnement de trouver un tel courage dans une femme, et d'abord par de douces paroles il l'engage à changer de sentiments ; puis il s'efforce d'ébranler sa cons-

terroribus ejus constantiam labefactare contendit.

At Christi virgo, nec blandimentis seducitur, nec terrore concutitur; sed eodem vultu et animo perseverat, terrentemque similiter ac blandientem eâdem mentis serenitate deridet. Excandescens præses eam statim in carcerem publicum detrudi imperat.

tance en ayant recours aux menaces et aux supplices.

La VIERGE de Jésus-Christ n'est ni séduite par les caresses, ni effrayée par les tourments, mais gardant la même contenance et la même sérénité elle déclare persévérer dans son dessein, sans plus être troublée par les caresses ou les menaces. Aussitôt le gouverneur furieux la fait enfermer dans la prison publique.

III

Altero die educta, iterum judicio sistitur, ubi constantior quàm anteà in fide reperta, datâ sententiâ, cervices lubenter pro divinæ veritatis assertione et pudicitiæ cultu ferro supposuit.

Le lendemain, Quirinus, l'ayant de nouveau appelée à son tribunal, la trouva plus ferme que jamais dans la foi qu'elle avait embrassée. Il rendit donc sa sentence; et la jeune chrétienne présenta volontiers sa tête au fer du bourreau pour rendre témoignage à la vérité divine et pour la conservation de sa virginité.

Sic mactatâ Christi oviculâ,

Ainsi immolée, la tendre brebis du Christ mérita par son

binam lauream et fidei et castitatis fortiter propugnatæ feliciter obtinuit. Puras ejus exuvias Christiani clam colligentes, eo loco, ubi exstructa est Sancti-Petri abbatia in valle Carnutensi, cum aromatibus condiderunt.

Quæ, ante recentiores Galliæ tumultus, in capsâ deauratâ honorifice depositæ, religiosâ totius urbis colebantur veneratione : et in variis acris et corporum calamitatibus non sine opportuno Dei auxilio,

courage de remporter la double couronne du martyre et de la chasteté. Les fidèles recueillirent en secret sa précieuse dépouille, et l'ayant placée dans un tombeau avec des parfums, ils l'ensevelirent au pied de la colline sur laquelle est assise la cité Carnute, à l'endroit où fut depuis construite l'abbaye de Saint-Pierre [1].

Avant nos derniers troubles civils, les reliques de la jeune martyre étaient honorablement placées dans une châsse dorée. Objet de vénération pour toute la ville, on avait recours à l'intercession de la bienheureuse Martyre dans les temps de maladies et de calamités, non sans éprouver les

---

[1] L'abbaye dont il est fait mention sous le vocable de Saint-Pierre portait plus communément autrefois le nom de Saint-Père. Elle jouissait d'une grande célébrité par l'étendue de ses prérogatives, le nombre et la science de ses religieux. Les bâtiments du monastère servent désormais de caserne ; et l'ÉGLISE, magnifique monument du XIIIe siècle, dont les dimensions et la beauté architecturale sont vraiment remarquables, est la seconde paroisse de la ville de Chartres. — La reine sainte Clotilde aurait donné des terres à cette abbaye (*Histoire de la ville de Chartres*, par Doyen, t. II, p. 301).

beata Martyr invocabatur.

Sub ejus nomine ecclesia, parochiæ insignita itulo, etiamnum extat in diœcesi Pictaviensi, et in Engolismensi altera.

effets de sa puissance auprès de Dieu [1].

Il existe encore aujourd'hui sous ce nom dans le diocèse de Poitiers une ÉGLISE paroissiale, et une autre dans celui d'Angoulême.

---

[1] « Sainte Soline était invoquée d'une manière toute spéciale dans les grandes calamités publiques, pour les nécessités du royaume ou de l'Église, pour les biens de la terre en souffrance et contre les intempéries de l'air. Ses reliques étaient alors portées aux processions générales. Quand une sécheresse trop continue menaçait les récoltes, on exposait à la cathédrale de Chartres la châsse de saint Taurin, évêque d'Évreux, et à l'église abbatiale de Saint-Père la châsse de sainte Soline, et les nombreux et irrécusables miracles obtenus à la suite de cet acte de pieuse confiance dans l'intercession des saints autorisaient les populations reconnaissantes à traduire leur pensée par l'épithète naïve et bien significative qu'elles donnaient à ces châsses vénérées : elles les appelaient les *deux aqueducs* du pays chartrain. » (*Les Vies des Saints du Poitou*, par Ch. de Chergé, p. 19). On conserve encore à l'église Saint-Pierre quelques reliques de sainte Soline ; elles sont exposées dans une châsse dorée au milieu du chœur le jour de sa fête et pendant l'octave. « Son culte, dit la *Voix Notre-Dame*, tend à renaître de plus en plus au milieu de nous. » (Novembre 1883).

LÉGENDE DES SAINTS SAVINIEN ET POTENTIEN.

Nous ajouterons, pour compléter la série de nos documents, une partie de la légende des saints Savinien et Potentien, premiers apôtres de la Gaule centrale, et ce dernier de la cité chartraine :

Savinianus episcopus a sanctâ sede apostolicâ in Gallias ad annuntiandum Christi Evangelium cum Potentiano et Altino missus est, eo tempore, teste Baronio, quo Trophimus Arelatenses, Martialis Lemovicenses, et alii alias partes ejusdem provinciæ sortiti sunt. Illi ad urbem Senonum, quam in Galliâ celeberrimam audierant, cum divertissent, excepti sunt à Victorino, viro divite, quem cum Eodaldo ac Serotino, qui posteà diaconi facti sunt, Christo pepererunt. Savinianus, qui primus fuit Senonum archiepiscopus, retento secum Victorino, alios Potentiano et Altino velut administros adjunxit, ut verbi Dei semen per

L'évêque Savinien fut avec Potentien et Altin envoyé dans les Gaules par le Saint Siège apostolique dans le but d'y annoncer l'Évangile de J.-C., à la même époque, où, selon le témoignage de Baronius, Trophime se rendit à Arles, Martial à Limoges, et d'autres apôtres allèrent évangéliser différentes provinces de cette contrée. Ces saints ouvriers se rendirent à Sens, ville alors fort renommée, et ils y furent reçus par un homme riche, appelé Victorin, qu'ils gagnèrent au Christ, ainsi que Eodald et Sérotin, devenus diacres dans la suite. Savinien fut le premier archevêque de Sens, il retint avec lui Victorin, et joignit les autres à Potentien et à Altin, qu'il députa vers les contrées voisines pour y ré-

finitimas regiones latius spargerent.

Ipsos ab antiquis temporibus ut suos apostolos veneratur Carnutensium civitas. Ibi namque locum jamdudum Virgini pariturae dicatum Deo consecrârunt. Sic verò divinum opus urgentes, Quirinus urbis praeses, carceri mancipavit, ac fideles plurimos trucidari, et in puteum altari sanctissimae Deiparae proximum dejici mandavit. Nec Modestae virgini filiae suae, quod illis praedicantibus Christo nomen dedisset pepercit . . . .
. . . .

Verum praeside subitâ morte sublato, sancti e carcere in quâ detinebantur educti, renes denuò accingunt; ac postquàm Aventinum apud Carnutenses episcopum constituissent, Tre-

pandre de plus en plus la semence de la parole divine.

Ce sont eux que la cité chartraine vénère de temps immémorial comme ses véritables Apôtres. Ils y consacrèrent à Dieu le sanctuaire où longtemps auparavant était honorée la Vierge qui devait enfanter. Pendant qu'ils continuaient le cours de leurs labeurs apostoliques, Quirinus, préfet de la cité, les fit jeter en prison, ainsi que plusieurs fidèles, lesquels furent immolés, et dont les corps furent précipités dans un puits voisin de l'autel érigé à la Vierge MÈRE de Dieu. Il n'épargna même pas sa fille Modeste, qui, gagnée par la parole des saints Apôtres, avait embrassé la religion du divin Crucifié . . . .
. . . .

Or, le Préfet ayant été enlevé par une mort subite, les saints parvinrent à sortir de la prison dans laquelle ils étaient détenus, et après avoir établi Aventin, évêque de la cité chartraine, Potentien et

cas Potentianus et Serotinus, Parisios vero Altinus et Eodaldus aggressi sunt.

Omnes tamen paulo post ad Savinianum cum exultatione redierunt, primitiarum credentium manipulos portantes, quos sudore multo multoque labore Domino collegerant. .
. . . .

Sérotin se rendirent à Troyes, Altin et Eodald allèrent à Paris continuer leurs travaux de prédicateurs de la foi chrétienne.

Tous cependant revinrent peu de temps après vers Saint-Savinien ; leur allégresse était grande, car ils apportaient les prémices de la moisson de fidèles qu'ils avaient recueillies au prix de sueurs abondantes et de pénibles travaux [1] . .
. . . .

---

[1] Ce qui suit regarde plus spécialement Saint-Savinien, apôtre de la ville de Sens. Une partie de ses reliques sont aujourd'hui honorées dans la crypte de la cathédrale de Chartres. Voir la fête des saints-martyrs Savinien et Potentien, au 19 octobre dans le propre du bréviaire du diocèse de Chartres.

SAINTE SOLINE

C'est l'Eglise naissante et c'est la Gaule antique. Des peuplades encore sauvages ont dressé leurs tentes çà et là sur le bord des fleuves et des rivières, ou choisi leurs retraites dans les roches caverneuses des montagnes. De vastes forêts les entourent et les séparent; leur vie, c'est la chasse et la guerre, à peine quelques troupeaux errent dans les plaines ou sur la lisière des bois hantés par les bêtes fauves.

César[1] a passé avec son génie; les aigles romaines ont remplacé le vieux coq gaulois. Mais la conquête n'est point achevée : Rome

---

[1] On sait que la Gaule fut soumise par Jules César l'an 52 avant Jésus-Christ.

n'eut fait que corrompre des peuples désunis, le Chritianisme les civilisera : ce sera son œuvre aidé par le temps. Pierre vient d'établir sa chaire dans la capitale du monde, des légions d'apôtres s'épandent de tous côtés : la Gaule est envahie. Ils ne seront pas seuls dans les labeurs; de faibles femmes, de timides jeunes filles ont pris leur part de la noble tâche, elles deviennent aux yeux des peuples étonnés des merveilles vivantes, elles incarnent par la perfection de leur vie la doctrine évangélique; puis, sur l'ordre des tyrans elles meurent, héroïnes invincibles, dans les supplices.

L'histoire doit dire leurs vertus, leurs épreuves, leur courage inébranlable. De pareils types seront toujours admirables, salutaires. Nous avons voulu glaner quelques épis dans une si riche moisson : ce ne sont pas les moins chargés; qu'ils produisent au centuple !

PREMIÈRE PARTIE

I

Des forêts profondes, ombreuses, séculaires, joignaient autrefois l'Aquitaine à la vieille Armorique[1]. Disposées vers le Nord comme une large barrière, elles semblaient aux Aquilons limiter les champs ouverts à leurs ravages, et protéger les pays du Midi contre les déchaînements de leurs fureurs. Des chênes aux bras puissants, des hêtres majestueux, des sapins aux

---

[1] L'Armorique, en celtique *rivage*, comprenait la côte N.-O. de la Gaule et s'étendait depuis l'embouchure de la Seine jusqu'à la Loire. Le nom d'Aquitaine, c'est-à-dire *pays des eaux*, s'appliquait aux contrées situées au sud de la Loire jusqu'aux Pyrénées et à l'Océan.

teintes sombres, dressant ensemble leurs troncs barbelés de mousse et habillés de verdure, formaient des voûtes impénétrables et couronnaient la cime des montagnes de leurs nuances magnifiques et de leurs masses imposantes. Le soleil, ce géant inquisiteur, en parcourant les horizons, essayait vainement d'en pénétrer les mystères; rares et furtifs, à peine quelques-uns de ses rayons arrivaient à se perdre au fond de ces antres où régnait un jour calme et tranquille. Seul, dans ces immenses solitudes, comme une musique effrayante, retentissait le mugissement des vents, ou le cri prolongé des animaux féroces : rien n'eût jamais troublé ces sauvages harmonies produites par la nature, si ce n'est parfois que les échos heurtés se surprenaient à dire les mâles accents de la voix des guerriers s'assemblant pour la lutte, ou les chants sacrés des Druides se mêlant aux gémissements des victimes immolées à Teutatès [1].

---

[1] Teutatès, dieu des Germains, des Celtes ou Gaulois, présidait, suivant les uns, aux batailles ; selon les autres, au commerce, à l'argent, à la parole.

Lors en ces lieux cheminait une jeune fille : elle avait fui la demeure paternelle. Ravins, précipices béants, rochers abruptes, torrents infranchissables, son ardeur avait tout surmonté. Elle avait côtoyé les rivières dans leurs plis sinueux, vaincu leurs rapides courants sur de fragiles embarcations. Comment de son pas isolé osait-elle franchir de si terribles espaces ? Pourquoi, sans guide et sans appui, s'être ainsi livrée aux périlleux hasards d'un long voyage ? Quel précieux talisman pouvait la protéger ? ces mousses verdoyantes, ces bruyères fleuries, le reptile y grouillait. Elle n'avait point d'asile, et le loup carnassier rôdait cherchant sa proie, ou troublait affreusement le silence des nuits. Admirable était donc la fille du vieux Pictave [1] fuyant au loin la dure persécution. Cent lieues et cent obstacles n'avaient point épuisé son courage; intrépide, léger, à peine effleurant le sol, son pied ne redoutait point « l'aspic ni le basi-

---

[1] Pictavi ou Pictones, peuple de la Gaule; leur capitale était Limonum ou Pictavi (auj. Poitiers). Leur pays reçut ensuite, et par corruption, le nom de Poitou.

lic, » il eut impunément foulé « le lion et le dragon[1] ».

Une ère nouvelle avait commencé : le soleil de la rédemption s'était enfin levé sur le monde, et le Christ divin comptait déjà des adorateurs parmi les habitants des sombres forêts de la Gaule. Soline était de ce nombre[2]. Dans son cœur avaient germé les enseignements sacrés, ils faisaient son courage et sa force. Un jour elle apprend la félicité promise aux vierges sages[3],

---

[1] Ps. XC, v. 11.

[2] « Saint Martial, un des soixante-douze disciples, » envoyé par saint Pierre, était devenu l'apôtre de la ville » de Limoges, et de là faisait rayonner le flambeau » de la vraie Foi sur toutes les contrées environnantes. » La fille du gouverneur Léocadius, qui se nommait » Valéria, se convertit avec Susanne, sa mère, et toutes » deux, inspirées par l'exemple des saintes veuves dont » saint Paul traçait en ce moment les vertus dans sa pre- » mière épître à Timothée, elles résolurent de se con- » sacrer uniquement à Dieu. Valéria, renonçant au ma- » riage et faisant vœu de virginité, put être un modèle » pour notre jeune héroïne. » (L'abbé Auber ; *Mémoires de la Société des Antiquaires de l'Ouest*, t. XXX, p. 458.)

[3] Allusion à l'Evangile, s. Mat. c. XXV.

aussitôt elle se voue à l'Epoux divin. Prières, instances, menaces, mauvais traitements, rien ne put ébranler sa constance; elle était demeurée ferme dans sa résolution. Mais, à la fin, redoutant sa faiblesse, peut-être conduite par une secrète inspiration, elle voulut s'abriter sous le manteau d'une protection puissante. Bientôt elle quittait Limonum [1], berceau fleuri de ses tendres années, abandonnait ses parents, nobles, riches, mais idolâtres. Dès l'abord, elle marcha vers le Septentrion, inclinant quelque peu du côté du soleil levant : Soline était partie pour un voyage dont elle ne savait pas le terme. Qu'elle était belle la jeune vierge moissonnant ainsi l'espace dans un dessein sublime, sur le chemin mêlant sa voix aux cantiques des oiseaux, annonçant aux esprits célestes sa résolution dans les accents échappés à son cœur! Une clarté céleste, quelque chose d'une beauté presque éthérée éclatait sur son visage légèrement empreint d'une mélancolique douceur. Qui l'eût ainsi rencontrée dans son lointain voyage, aus-

---

[1] Limonum, aujourd'hui Poitiers.

sitôt saisi d'un sentiment de respect, eût cru voir apparaître quelqu'une de ces formes angéliques inconnues aux mortels, tant sa démarche était noble! tant sa personne respirait de charme et de beauté! C'était, quand elle avait passé, comme les derniers accords d'une symphonie suave.

Vingt fois depuis son départ l'astre du jour avait pris son repos; le crépuscule allait encore s'étendre. Au pied des collines élevées, la paisible Ebura[1], comme un long serpent d'argent, coulait, accueillant çà et là dans son sein ses minces tributaires, et grossissant peu-à-peu son cours limpide. Sur ses bords, Soline s'arrêta, accablée de fatigue. D'épaisses fougères formèrent sa couche, les feuilles des arbres, comme un manteau de verdure, servirent de voile à sa pudeur, seulement au dessus de sa tête rayonnait au firmament quelque étoile brillante. Sous le regard de Dieu s'endormit la jeune fugitive.

---

[1] Ebura, nom latin de la rivière d'Eure. Elle prend sa source dans le Perche à La Lande-sur-Eure; et, coulant d'abord de l'Ouest à l'Est, arrose la cité chartraine, pour se jeter au Nord dans la Seine.

« Seigneur, avait-elle dit en sa prière, condui-
» sez en cette marche votre indigne servante ;
» vous-même avez guidé le fidèle Abraham.
» Puissiez-vous, comme à lui, me montrer le
» pays où devront s'arrêter mes pas ! »

Cette parole achevée, dans son nid la colombe gémit une dernière fois, un Ange député du ciel veilla sur l'innocente et douce voyageuse. Mais un esprit troublé dans ses excès, torturé par le remords et néanmoins toujours altéré de crimes, s'était approché ; il errait en ces lieux, son domaine, sans oser contempler le radieux visage de la noble jeune fille. L'ange déchu, c'était lui, se contenta de tisser un songe, présent funeste, qu'il n'est que trop habile à servir aux faibles imaginations des mortels.

Des ombres passèrent alors, comme de sombres nuages, sur le front pur et serein de la jeune vierge plongée dans les profondeurs du sommeil. Sur le seuil de la maison paternelle, il lui semblait apercevoir son vieux père, revenu de ses emportements passés. Aux lèvres du vieillard, elle lisait un sourire qu'il adressait à sa fille bien-aimée en lui tendant les bras pour la presser sur son cœur. De nombreux amis se tenaient prêts à le féliciter et à partager sa joie dans les enivrements des festins... Plus loin, sa mère... Elle maudissait les débordements de sa fureur. Comme son époux, séchant ses larmes, et terminant son deuil, elle appelait Soline, sa chère Soline, et déjà la couvrait de ses baisers les plus tendres... Des groupes de jeunes filles les plus riches de la ville, aux parures somptueuses, à la tête couronnée de roses, chantaient les hymnes de l'allégresse et célébraient à l'envi par des danses joyeuses le retour de la jeune fugitive... Soudain la vierge voit un temple... De nombreuses victimes se pressent pour être immolées sur les autels, déjà le prêtre est debout sacrificateur empressé, au milieu de la foule qui l'entoure; il est sur le point de présenter à ses dieux les offrandes qui sont faites pour un futur hymen, il n'attend plus que l'arrivée de la jeune fiancée... elle va franchir les degrés qui la séparent de l'autel... Soline se reconnaît, elle s'agite pour s'enfuir...

De son dard envenimé le prince des ténébres avait effleuré la calme sérénité de son âme. Trois fois un cri strident se fait entendre sur un arbre voisin; la chouette hideuse et grimaçante abandonne précipitamment sa retraite. Satan avait pris la fuite, il était fier des embûches dressées par sa ruse infernale.

Dans ces combats et ces efforts pénibles, les chaînes du sommeil avaient failli se briser pour délivrer l'innocente captive. Bientôt l'envoyé du Ciel eut dissipé la tempête; il écarte les nuages, dissipe les sombres apparitions et chasse au loin tous les fantômes. Plus pur est le reflet de cette âme angélique que la limpidité des ondes roulant leur cours paisible au sein du tranquille vallon.

Insensiblement le calme succéda aux vents troublés dans leurs orgies à travers la forêt. Des zéphirs moelleux chassèrent les ombres aux formes noirâtres qui se bataillaient dans l'espace comme une armée de géants; puis, doucement, ils se promenèrent dans le feuillage, et de leurs haleines tièdes caressèrent en passant la chevelure flottante de la jeune fille. Une aimable et consolante vision vint se placer devant ses yeux, entr'ouvrant ses paupières appesanties.

Soline se sentait transportée en présence d'une colline élevée, le versant principal de la montagne s'était illuminé aux premiers feux du jour, à ses pieds coulait cette même rivière qu'elle avait aperçue la veille, toujours calme, toujours limpide, mais plus large et plus profonde. Sur ses flancs, éparses ou parfois groupées ensemble, étaient échelonnées des habitations nombreuses; un énorme rocher au milieu des broussailles paraissait dominer la ville, et couronnait dignement ces hauteurs. Pendant qu'elle considérait attentivement ce site nouveau pour elle, une femme admirable de noblesse et de dignité sembla sortir d'une ouverture placée près du roc. Elle était assise sur un siège antique, son front était orné d'un diadème, un voile couvrait sa tête et flottait en longs plis jusque sur ses genoux. Dans ses bras elle portait un jeune enfant, merveilleux par sa grâce et sa beauté. Franchissant alors la distance qui la séparait, la vierge de Limonum essaya de s'approcher, elle ressentait en elle-même les sentiments d'une indicible émotion. Or, le charmant enfant paraissait applaudir à ses efforts, bientôt il étendit la main pour la bénir, et la jeune mère, qui jusque-là avait été comme étrangère aux ébats de son fils, laissa éclater son contentement. Longtemps des vieillards, à l'aspect vénérable, prosternés à ses pieds, avaient voulu captiver son attention par les rites singuliers de leur culte, ses yeux néanmoins étaient restés fermés; mais, quand l'enfant, qu'elle pressait sur son sein, eut commencé de s'agiter pour bénir, son visage changea d'expression, ses traits marquèrent les tressaillements de l'allégresse et de la joie; puis, dans les airs on entendit un concert délicieux; c'était comme un hymne échappé aux harpes angéliques qui se répétait à travers les échos de la montagne...

Soline était dans le ravissement. De longues heures elle eût souhaité de contempler ce spectacle enchanteur; mais bientôt s'approchant, un des esprits célestes de son bras étendu, lui indiqua le fleuve qui coulait à ses pieds et l'invita à le suivre dans son cours. Puis soudain la vision disparut.

A son réveil elle obéit. Deux soleils ne s'étaient pas écoulés que la fille des Pictaves poursuivant sa marche dans la direction qui lui était indiquée, arrivait à Autricum[1], dans le pays des Carnutes[2].

---

[1] Ancien nom de la ville de Chartres, ainsi appelée, parce qu'étant pleine d'antres, de cavernes, de grottes et d'excavations dans le roc, elle se composait en grande partie de souterrains.

[2] Les Carnutes, peuple gaulois, dont le territoire correspondait à celui des anciens diocèses de Chartres, d'Orléans et de Blois. On voit figurer ce peuple dans la première époque de l'histoire des Gaules. Non-seulement César, mais Strabon, Pline et Ptolémée en font mention. Ce dernier leur donne pour villes principales Autricum (Chartres) et Genabum (Orléans). Autricum prit, comme beaucoup d'autres villes gauloises, vers la fin de la puissance romaine, le nom du peuple qui l'habitait, et s'appela Carnutum.

II

Quand la jeune vierge pénétra dans la cité des antres, des bruits confus de voix s'y faisaient entendre, des clameurs dissonantes semblaient colportées à travers les rochers, et allaient frapper de leurs sons bruyants, leurs parois sonores et leurs voûtes retentissantes. En ce moment la montagne commençait à resplendir des feux du soleil montant avec lenteur et s'acheminant vers son midi ; les oiseaux venaient de cesser leurs chansons matinales ; timides, effrayés, ils s'étaient enfuis des anfractuosités et des buissons, leurs retraites accoutumées, et la forêt la plus prochaine les avait recueillis sous ses ombrages touffus. Des hommes, des femmes, des enfants, le guerrier intrépide au milieu de sa nombreuse famille, se hâtaient pêle-mêle dans la cité, jusqu'aux plus âgés qui trébuchaient parfois en précipitant leurs pas dans des sentiers tortueux et inégaux. Soline suivait un des chemins détournés qui du vallon escaladaient les hauteurs pour conduire à la grotte principale de la montagne. Elle avait reconnu ces lieux qui lui avaient été montrés dans sa vision; une sainte émotion s'était emparée de son âme, trois fois ses lèvres avaient baisé le sol sacré; elle avait hâte de reposer ses pas à l'endroit même où était apparue à ses regards l'image bénie de la Madone et du gracieux Enfant.

Ainsi pensait la jeune fugitive, lorsque tout-à-coup le son des instruments et le chant des Bardes vinrent aux détours retentir plus distincts à son oreille. Un cortège nombreux s'avançait débordant comme un torrent au milieu des rues de la cité. Des prêtres marchaient le front ceint de couronnes de feuilles de chêne; ils étaient revêtus d'amples manteaux étincelants de blancheur. Au premier rang venaient les *Silodures*, ou les instituteurs de la nation; puis la classe importante des *Semnotées*; les regards fixés vers le ciel, ils apparaissaient dans l'attitude de la contemplation et de l'extase. Plus loin se déployait gravement un troisième groupe, les *Saronides* à la chevelure flottante, à l'air imposant; ils semblaient des apparitions arrivées d'un autre monde et formaient comme un sénat de dieux [1].

Au milieu d'eux, un Barde chantait en s'accompagnant d'un instrument, et sur son luth il disait le chant des mystères :

« Je connais la signification des arbres dans
» l'inscription des choses convenues. Les pointes
» des arbres imitateurs, que murmurent-elles
» si puissamment, ou quels sont les divers souf-
» fles qui murmurent dans les troncs vides des
» arbres creux ? Lorsque les rameaux furent mar-

---

[1] On se souvient de cette parole appliquée aux sénateurs de la république romaine. — Nous avons donné les différents noms des dignitaires de la religion druidique. Ajoutez-y, pour compléter, les *Eubages* ou *Eubates*, c'est-à-dire ceux qui s'occupaient des sacrifices, et les *Ovates* (*Vates* en latin) qui remplissaient plus particulièrement le rôle de prophètes ou inspirés.

» qués sur la table des sentences, les rameaux
» élevèrent la voix [1]. »

Un autre continua :

» Je sais les lieux hantés des ombres noires et
» des esprits agiles. Je les vois, elles s'agitent,
» elles se pressent, que veulent-elles ces âmes
» errantes, vagabondes, dépouillées de leurs
» robes de chair? Je les vois, elles sont nom-
» breuses. Mais où vont-ils porter leurs pas ces
» guerriers intrépides...? Quand eut sonné
» l'heure des combats, milliers d'ennemis sont
» tombés sous leurs coups... [2]. »

---

[1] Ces paroles extraites d'un chant sacré sont citées par Amédée Gabourd dans son *Histoire de Paris depuis les temps les plus reculés* (Livre I, c. II, p. 23).

[2] Les Druides, comme les prêtres païens de l'Inde et de l'Egypte, enseignaient l'éternité de l'esprit et de la matière; ils croyaient à la transmigration des âmes, à un Olympe-Walhalla moitié mystique, moitié sensuel, où les guerriers retrouvaient leurs armes, leurs chars, leurs chevaux, se livraient de joyeux combats, et buvaient un céleste hydromel dans le crâne de leurs ennemis (*Ibid*, p. 24). — Habent magistros sapientiæ Druidas... præcipiunt æternas esse animas vitamque alteram ad manes (*Pomponius Mela, De situ Orbi*s, lib. III, c. 2).

Un troisième :

« Je connais toutes les vertus de la plante
» sacrée. Les dieux jadis nous firent ce présent
» si précieux aux mortels. O chêne, arbre bien-
» faisant, déploie tes immenses rameaux, ils por-
» tent le salut; livre-nous ce gui merveilleux,
» salutaire à nos maux, efficace pour nos bles-
» sures. La flèche meurtrière a reculé, de son
» poison fut préservé le fidèle adorateur d'Og-
» mi[1]. »

Ils chantaient ainsi dans la langue des runes
leurs paroles mystérieuses, et successivement
tout le cortège passa sous les yeux étonnés de
la jeune fille. Elle vit leur chef, l'archidruide,
ayant en main la faucille d'or; elle vit les Druidesses ornées de l'anguinum ovum ou la pierre
des serpents[2]. Leur attitude était singulière, et

---

[1] Le chêne était l'arbre sacré des Druides; le gui qu'il produisait, passait pour être doué d'une grande puissance curative. — Ogmi ou Ogmius était une divinité de la religion druidique.

[2] L'anguinum ovum était une espèce de boule ovale de cristal, que, du temps de Pline, la tradition pré-

plusieurs tenaient la baguette magique qui servait à leurs évocations ; d'autres encore portaient le drap immaculé dans lequel était religieusement recueilli le rameau précieux du gui, avant qu'il eût touché la terre [1].

A leur suite s'avançait Velléda [2] elle-même, la grande prêtresse de la Germanie, accompa-

---

tendait être le produit de la bave d'une quantité de serpents pelotonnés et entrelacés ensemble. Cet œuf a été l'origine d'une foule de superstitions qui, il y a un siècle encore, étaient en vigueur dans la Cornouailles, le pays de Galles et les montagnes d'Ecosse : on continue d'y porter des boules de verre appelées *pierres de serpents*, auxquelles on attribue des vertus particulières.

[1] Pline nous décrit la cueillette du gui sacré comme une chose pratiquée encore de son temps, sous Vespasien, et Tacite signale l'action des Druides dans les troubles qui éclatèrent en Gaule sous le même règne. (Pline, XVI, 95 ; Tacite, Hist. IV, 54 ; *Journal officiel de l'Académie des sciences morales et politiques*, n° du 8 mai 1879).

[2] Velléda ou Véléda, fameuse prophétesse des Germains, vivait à l'époque où se passe notre récit; elle était de la nation des Bructères. On n'entreprenait rien sans la consulter, et il n'est pas invraisemblable qu'elle ait assisté à l'assemblée des Etats qui se tenait dans le pays des Carnutes.

gnée d'une troupe d'élite, et montrant une enseigne, symbole de l'amour sacré de la patrie. Velléda était venue dans l'antique cité, sanctuaire du Druidisme. En proie à l'agitation, elle voulait recueillir les oracles des dieux sur les destinées de son pays, enflammer des feux brûlants de sa parole des courages attiédis par des revers encore récents. Dans un immense cri de guerre contre Rome, elle voulait envelopper à la fois le Germain et le Gaulois, allumer l'incendie de la rébellion depuis les pays du Batave[1] ou l'astre géant se lève dans les frimas, jusqu'aux rivages de l'Arverne[2] et aux flots de l'Océan, où son disque rayonnant disparaît dans les ondes mugissantes. Derrière la prêtresse venaient les Eubages ou sacrificateurs, armés du glaive, chassant devant eux de magnifiques taureaux blancs, aux cornes

---

[1] Les Bataves, peuple germanique qui habitait la Hollande actuelle.

[2] Les Arvernes, peuple de l'ancienne Gaule, entre la Loire et les Cévennes. Leur capitale était Gergovie, remplacée par Augustonemetum (auj. Clermont-Ferrand.)

liées pour la première fois ; inconscientes victimes, qui clôturaient dans leurs entrailles fumantes les mystérieux secrets de la future levée des boucliers. Enfin paraissait le roi des Carnutes [1], vieillard à la longue barbe et à la chevelure d'argent, assis sur le pavoi traditionnel au milieu de la foule demi-vêtue de ses fidèles guerriers.

Après une longue marche au milieu des rochers, la foule entra dans l'épaisseur d'une vaste forêt où dressaient leurs cimes altières des arbres majestueux, ayant vieilli plusieurs siècles sans que le fer brutal eût jamais tenté de les ravir au sol qui les avait vus croître. Dans une plaine de bruyères était un emplacement spacieux où avaient été disposées en forme circulaire plusieurs pierres d'une certaine dimension; presque à l'extrémité, dans la direction de l'Orient, s'élevait une de ces roches énormes que dans la langue du pays on appelait dolmens.

---

[1] La plupart des peuplades Gauloises avaient des rois ou chefs particuliers ; plusieurs les conservèrent quelque temps sous la domination romaine.

Elle était appuyée sur plusieurs autres, et présentait comme une longue table sa surface plane, légèrement inclinée vers une de ses parties. Elle apparaissait encore maculée de larges taches de sang, et tout autour, le sol maintes fois rougi gardait l'empreinte des nombreux sacrifices, qui avaient été offerts en l'honneur des divinités de la Gaule. Là, dans des temps reculés, avait succombé un illustre guerrier; c'était comme l'Irminsul des Gaules. Sa vaillance était devenue légendaire, ses exploits étaient restés célèbres, et son souvenir inspirait encore les jeunes générations en les conduisant à l'héroïsme et à la victoire. Depuis lors ces rochers énormes, véritables énigmes pour le laboureur effrayé, ont disparu pour la plupart, noyés dans des gouffres habilement creusés, qui les ont rendus à la terre du sein de laquelle ils étaient sortis, ou, de nos jours, ils sont broyés par des engins d'une puissance formidable.

Arrivée à cet endroit, la foule s'arrêta formant un cercle immense. Au centre se placèrent les Druides, au collége renommé dans la Gaule entière. Quand les Eubages eurent arrêté leurs taureaux blancs non loin de l'autel du sacrifice, un hymne fut chanté à la louange de Teutatès. Puis un héraut vêtu de la saie traditionnelle, couvert d'une sorte de casque surmonté de deux ailes, et tenant à la main un caducée enguirlandé de branches de verveine et entouré de deux serpents, s'avança accompagné de plusieurs Druides; l'un portait un pain cuit sous la cendre, un second portait un vase plein d'eau, un troisième une amphore de vin pur. Ils marchèrent ainsi vers le chêne où l'on avait heureusement découvert le gui sacré. Là, près de l'arbre, fut dressé un tertre de gazon en forme d'autel. Un des Druides y brûla un peu de pain et répandit en libation quelques gouttes du liquide choisi. Ensuite un Eubage vêtu de blanc monta sur le chêne et coupa avec la faucille d'or le gui sacré que les prêtresses recueillirent religieusement dans le drap immaculé avant qu'il eût touché la terre, et le gui précieux fut distribué à l'assemblée.

Cette cérémonie achevée, on retourna à la pierre du tombeau. Alors Velléda, la grande prêtresse s'avança, et debout sur le dolmen, tribune improvisée, après avoir promené ses regards sur la foule des guerriers serrés autour d'elle, elle les harangua en ces termes :

« Nobles enfants de la cité Carnute, vous
» qui au milieu de l'esclavage de la patrie,
» avez conservé la religion et les lois de vos
» pères, il est temps de sortir de vos forêts
» et de vos antres, et de marcher à la défense
» de la vieille Gaule. Quoi ! réunis en ce
» jour par la solennité du culte druidique, ne
» prendrez-vous pas une résolution virile ?
» Voyez ces Etats ! Est-ce là le reste de cette
» nation si puissante qui fit trembler Rome
» et le monde ? Vos prêtres sont proscrits,
» vos sacrifices abolis, le culte de vos dieux
» menacé, votre roi lui-même, le vénérable
» Priscus, voit chaque jour son pouvoir amoin-
» dri par le despotisme de l'étranger, les
» droits de sa souveraineté foulés aux pieds.
» Seriez-vous donc déterminés à demeurer

» calmes spectateurs de tant d'usurpations
» criantes ? N'êtes-vous plus les fils de la Li-
» berté ? Carnutes, fiers enfants de la Gaule,
» seriez-vous mûrs pour un triste esclavage ?
» Levez-vous donc sans retard, prenez vos
» armes, volez à l'ennemi et chassez les tyrans!
» Cette mission est digne de vous, ce rôle est
» à la hauteur de votre courage. Mais si vous ne
» sortez de votre repos, c'en est fait de vous,
» de votre indépendance et de votre antique
» renommée. Bientôt vous serez condamnés à
» de rudes travaux, vos forêts seront abattues,
» vous-mêmes traqués comme des bêtes fauves;
» la servitude, l'oppression et la mort, voilà
» ce qui vous attend et vous menace. Rome,
» l'ambitieuse dominatrice, prépare ses am-
» phithéâtres, où, pour récréer un peuple avide
» de sang, vous irez vous entre-tuer, et repaître
» des convulsions de votre agonie les regards
» avides de milliers de spectateurs féroces. Le-
» vez-vous donc, saisissez vos étendards, et
» marchez contre votre mortel ennemi; il est
» temps de l'étreindre par vos forces puissan-
» tes, la Germanie entière est prête à venir

» à votre secours, chassez-le de ce sol qu'il
» prétend vous ravir ! Que les divinités de la
» Gaule vous protègent ! Que la fortune cou-
» ronne vos efforts ! Que s'il n'en est pas
» ainsi, du moins montrez au monde que
» vous êtes dignes de vivre, puisque vous
» savez mourir[1].»

Ce discours de la prêtresse achevé, des cris de fureur et de vengeance retentirent de toutes parts dans l'assemblée:

« A bas les tyrans Italiens ! s'écrièrent-ils.
» Mort aux soldats étrangers qui viennent
» s'emparer de nos terres et nous chasser de
» notre patrie ! »

Les guerriers, armés du glaive, frappèrent

---

[1] « ..... Un moment, les Druides crurent au triom-
» phe de leur cause qu'ils identifiaient avec celle de la
» patrie : Ce fut lorsque le Batave Claudius Civilis se
» révolta contre Rome au début du règne de Vespasien,
» et fit proclamer l'empire gaulois (janvier 70). C'était
» là un rêve que les événements ne tardèrent pas à faire
» évanouir. » (*Histoire ecclés. du Poitou*, par Dom. F. Chamard; *Mémoires de la Société des Antiquaires de l'Ouest*, t. XXXVII, p. 70.)

sur leurs boucliers sonores, en signe de leur résolution de marcher au combat. Puis les Bardes entonnèrent des chants de guerre. Or ce dût être un spectacle saisissant de contempler cette foule tout-à-l'heure calme, émue, recueillie, maintenant soulevée, bruyante, furibonde, semblable à l'Océan agitant ses flots en courroux, et s'insurgeant avec furie contre les digues de ses rivages. Ainsi dans une tempête horrible, les vents déchaînés mugissent hors de leurs antres, et se heurtent au sein des forêts avec un fracas et des sifflements épouvantables; ainsi l'on représente des esprits de ténèbres qui s'assemblent la nuit dans des lieux sauvages pour se livrer aux désordres de leurs danses furibondes.

Longtemps avait duré cette agitation violente. Soudain Velléda fit un signe, le héraut réclama le silence, et le sacrifice fut achevé. Le glaive avait été enfoncé dans les entrailles des victimes, et du sang reçu dans des coupes les prêtres aspergèrent les arbres et l'assemblée elle-même, ils rougirent plusieurs troncs en souvenir du sacifice, le reste fut répandu autour de la pierre qui servait d'autel. Des signes avaient été observés, les Ovates cherchèrent à déchiffrer l'avenir réservé à la nation dans la future levée des boucliers. Puis la foule peu-à-peu quitta la bruyère, préoccupée des événements dont elle avait été témoin, et lentement se dispersa à travers les sentiers et les clairières de la forêt; seulement, au milieu des imprécations des guerriers encore émus, on entendait le chœur lointain des Bardes qui chantaient en se retirant des paroles lugubres; et les échos de la forêt répétaient avec eux :

« Teutatès veut la guerre ! Teutatès veut du sang ! »

III

Soline eût ardemment souhaité d'éviter tout ce bruyant cortège dont l'aspect à ses yeux était assez semblable aux solennités païennes de sa ville natale ; mais surprise, enveloppée tout-à-coup par la multitude, elle avait été entraînée malgré elle, comme un torrent furieux enlève les pierres qu'il rencontre, et les roule, les pousse, les charrie en les heurtant de ses flots puissants. Sitôt qu'elle avait pu se dégager de pareilles étreintes, elle avait laissé passer le courant et avait essayé de dissimuler sa présence à l'encontre d'un rocher qui se trouvait peu éloigné. Toutefois elle n'avait pu se dérober d'une façon si complète que ses mouvements précipités ne la trahissent aux regards. Velléda l'avait aperçue.

La prêtresse n'était pas une femme ordinaire. Son regard prompt, ses longs cheveux qui brillaient à l'égal de l'or et flottaient épars sur ses épaules nues, sa taille élevée, son air imposant, ses manières hautaines, tout, avec sa mise singulière, sa tunique noire, et sa ceinture de cuir fixée par une agrafe d'airain contribuait à rehausser l'éclat de ses formes déjà belles et majestueuses, et en faire elle-même une sorte de divinité. Malgré la fierté de son audace, elle avait été troublée de la douce sérénité de cette noble figure de jeune fille. Il lui avait semblé lire dans ses traits comme un signe de dédain et une muette protestation contre la pompe des cérémonies de ses ancêtres, et son image était restée gravée devant ses yeux.

D'ailleurs la prêtresse était inquiète, surexcitée. L'orgueil dominait chez cette fille de la Germanie, et l'exaltation de ses sentiments allait souvent jusqu'au désordre. Elle avait, en parcourant les Gaules, appris la naissance d'un nouveau culte. Plusieurs fois déjà ses regards avaient cru rencontrer des adorateurs du Dieu de l'Orient. Un jour, la contrée où elle se trouvait, retentit tout-à-coup du bruit d'un prodige, tant on disait puissants les prêtres de la secte, et surtout ennemis des divinités anciennes!

Dans la cité Carnute des étrangers étaient apparus qui avaient sur leur passage répandu des doctrines singulières. D'accord en cela avec les oracles, ils avaient annoncé le réveil à la vie de la Vierge qui devait enfanter, et l'apparition sur la terre de ce même Fils que la croyance des Druides avait entrevu dans le lointain des âges comme le Dieu souverain des mondes. Certains prosélytes avaient même été surpris, au lever de l'aurore, dans la grotte sacrée. On les avait dit enchaînés sous les charmes d'une influence magique, et se nourrissant dans leurs assemblées d'un pain composé avec la chair d'un jeune enfant [1], aliment mystérieux, grâce auquel ils devenaient insensibles dans les souffrances. Au surplus, le peuple rendait justice à la pureté de leur vie : le dé-

---

[1] C'était une des accusations que les païens avaient coutume de diriger contre les premiers fidèles; il est facile d'y voir une allusion au mystère de la sainte Eucharistie.

sintéressement, la fidélité dans les engagements, la bienveillance dans les rapports, étaient des qualités qui les faisaient rechercher de tous. Plusieurs d'entre les Druides passaient eux-mêmes pour avoir assisté secrètement à leurs réunions, et le vieux roi avait été jusqu'à manifester quelque intention de s'instruire à fond de leurs enseignements.

A peine la cérémonie du gui sacré avait-elle été terminée, lorsque, les victimes immolées, un des Ovates, le plus habile dans l'art de découvrir l'avenir, eut procédé à l'inspection des entrailles fumantes, la grande prêtresse était rentrée dans la cité Carnute. Alors, l'esprit plus tourmenté que jamais par le mutisme des oracles et l'incertitude des signes évoqués, elle résolut de donner libre cours à ses pensées, et de calmer les agitations de son cœur, en revoyant une fois encore la jeune fille dont les traits l'avaient si vivement frappée.

« Gauna, dit-elle, appelant sa plus fidèle

» esclave, mon cœur est submergé par les
» flots tumultueux de l'angoisse, depuis qu'en
» cette grande solennité du culte druidique,
» le vol incertain des oiseaux et les présages
» inquiétants, évoqués par nos Ovates, sont
» venus mêler les amers poisons de la décep-
» tion aux glorieuses espérances que j'avais
» conçues pour les destinées de la fière Ger-
» manie. Comme moi, n'as-tu point été frap-
» pée du trouble des prêtres? Et d'où peuvent
» venir ces désordres dans le sanctuaire le
» plus vénéré des Gaules [1], au centre des plus

---

[1] Le pays chartrain est célèbre dans l'histoire de nos origines par le gouvernement des Druides et le système religieux des Gaulois qui semblent y avoir été établis dès les temps les plus reculés. Il nous reste différents monuments de leur antique existence ; le pays Chartrain surtout en offre un assez grand nombre que le temps et les guerres n'ont pu anéantir. — « C'est ainsi que
» nous lisons qu'au terrain de Josaphat ou dans ceux
» limitrophes de ce monastère se voyait, sur une légère
» éminence, entourée de fossés, un établissement de
» Druides, et que ce lieu, point central du départ des
» mesures itinéraires dans les Gaules, se nommait la
» Montagne des Lieues, *Mons leugarum*, d'où était
» venu pour le village voisin, à la suite de diverses

» saintes et des plus antiques forêts[1]? Ne se-
» rait-ce plus ici cette cité des antres où la
» piété de nos pères envoyait recueillir, comme
» à une source inépuisable, les oracles révé-
» lateurs des destinées de notre grande nation?
» Les runes sacrés n'ont donné que des pa-
» roles incomplètes; des entrailles des victi-
» mes se sont échappées des palpitations mal
» assurées, funestes avant-coureurs et pro-

» transformations successives, la dénomination de
» Lèves, *Liew*, *Lew*, *Leug*, *Leugas* ou *Leuca*, lieue...
» Nous lisons qu'on voyait en ce lieu les restes d'un
» ancien monastère construit par Hélie, évêque de
» Chartres, en 825, sur l'emplacement d'un couvent de
» *Vierges-Moniales*, bâti lui-même au milieu d'un
» sanctuaire de Druides. » (*Bulletin de la Société
» archéologique d'Eure-et-Loir.* — Juin 1882).

[1] « Le pays Chartrain était couvert d'une forêt sacrée
» dont il ne reste qu'une partie. C'est au centre de cette
» forêt, au lieu appelé aujourd'hui La Garenne de Pois-
» villiers, que se trouvait, suivant les antiquaires du
» pays, le principal collège des Druides. De Gaulle,
» *Hist. des environs de Paris*, t. V, p. 296, édit. 1841. »
Le territoire de Poisvilliers est limitrophe de celui de
Lèves. (*Bulletin de la Société archéologique d'Eure-et-
Loir*, n° de juin 1882, p. 417).

» nostics trop certains des malheurs qui me-
» nacent notre patrie. »

— « Illustre prêtresse, répondit Gauna,
» calmez vos esprits agités. Par la faveur des
» dieux, vous n'ignorez pas les doctrines men-
» songères qui ont achevé de pervertir ce
» peuple, autrefois le premier sur la terre des
» Gaules par la science des mystères divins
» de la religion et la renommée de ses prêtres
» experts dans la connaissance des secrets pro-
» fonds de l'avenir. A ses fautes seules attri-
» buez la défaveur des augures et l'insuccès
» des sacrifices. Tant de fois les puissantes
» divinités ont répondu favorablement à vos
» vœux que les doutes obscurs ne sauraient
» planer en nuages sombres sur votre tête. »

— « Fille de Wecht[1], tes paroles sont un
» miel à mon cœur. Peut-être en auraient-
» elles banni toute inquiétude, si ce n'étaient

---

[1] Rivière de la Germanie, se jetant dans le golfe appelé aujourd'hui Zuyderzée ou *Mer du Sud*.

» les ravages que fait chaque jour cette reli-
» gion nouvelle dont tu parles. Mais écoute.
» Tes yeux n'ont-ils pas rencontré cette jeune
» fille qui, du rocher où elle se tenait à demi-
» cachée, insultait par son maintien à la majesté
» de nos cérémonies et semblait se rire de la
» pompe splendide du culte des vénérables
» Druides? Comme un pâle fantôme, son
» image me poursuit, son regard me harcèle,
» et, bien qu'elle m'ait paru étrangère à ce
» pays, je la crois appartenir à cette secte mau-
» dite que l'on dit venir des plages lointaines
» de l'Orient. Ne pourrais-tu la quérir? Mar-
» che, rapide, à travers les rochers de la mon-
» tagne ; Velléda veut une fois du moins la
» voir et l'entretenir. »

Elle dit, et l'esclave obéissant aux volontés de la prêtresse avait précipité ses pas sur les traces de la fille des Pictaves. Ainsi l'innocente brebis se trouve souvent épiée ; ainsi la timide colombe est exposée aux poursuites de l'oiseau planant au haut des airs d'où il fond sur sa proie.

IV

TEL on voit un léger nuage, poussé par le vent, se hâter au milieu des plaines azurées du ciel, telle la vierge de Limonum, semblable à une blanche apparition, errait anxieuse à travers la masse des rochers bronzés par le temps. Une foule compacte l'avait empêchée de pénétrer dans la grotte sacrée, et depuis lors elle épiait, en faisant mille circuits, l'instant si ardemment convoité, où il lui serait donné de reposer ses pas à l'ombre de la tutélaire protection de la Madone bénie. Quand la tempête s'est abattue sur l'arbre hospitalier, la jeune couvée s'agite et se débat, longtemps encore elle cherche l'abri qui lui donna le jour.

En abordant la jeune fille, l'esclave entendit un soupir s'échapper de sa poitrine palpitante.

PREMIÈRE PARTIE. 83

« Noble étrangère, dit-elle, accordez le
» repos à vos pieds fatigués, l'illustre Velléda
» m'a envoyée; ne lui refusez pas cette faveur
» de partager avec elle les présents de l'hos-
» pitalité. »

A cette proposition inattendue, Soline tres-
saillit; néanmoins elle consentit à suivre
l'esclave.

Quand elle entra dans la tente située dans
un endroit spacieux de la montagne, la prêtresse était nonchalamment étendue sur des
peaux de bêtes sauvages jetées à terre en
manière de tapis; c'étaient autant de dépouilles
opimes, prélevées par son adresse et sa vaillance
au sein des forêts de la Germanie. Près de
leur maîtresse, se tenaient, les unes légèrement
accroupies, les autres debout, plusieurs belles
esclaves toujours prêtes à exécuter ses ordres
et à satisfaire ses moindres désirs. Sur les
côtés de cette demeure, était exposée avec un
art où se mêlait une sorte d'orgueilleuse
vanité, toute une panoplie d'armes diverses;
au milieu d'elles étaient fixés l'arc et le carquois

rempli de flèches meurtrières. Plus loin, titres affreux d'une cruauté barbare, les crânes des ennemis tués dans les combats, en faisaient comme l'ornementation principale. Aux jours des solennités, débordant d'une liqueur consacrée par les rites, ils étaient les vases préférés pour les libations en l'honneur du dieu de la guerre.

A l'arrivée de la jeune fille, la prêtresse se souleva sur sa couche, et, agitant sa longue chevelure qui retombait en flots pressés sur ses épaules nues, elle se tourna vers elle, lui jeta un de ces regards indéfinissables empreints tout à la fois de trouble et de fierté, et lui montra la douce toison d'une brebis :

« Jeune étrangère, dit-elle d'un ton de voix
» adouci, quel est votre pays? Quelles divinités
» protectrices ont pris soin de votre enfance
» et guidé vos pas vers l'antique cité des
» antres, à travers les épaisses forêts de la
» Gaule? »

« — Illustre Velléda, répondit Soline, le
» doux climat des Pictaves m'a donné le jour,

» et mon berceau fut placé non loin des bords
» de la Vigenna¹ au cours rapide, près de ces
» montagnes élevées que dépasse seul l'astre
» qui nous éclaire, et au-delà desquelles il va
» se baigner dans les ondes². »

Puis levant les yeux au ciel, elle reprit avec une sorte de timidité :

« Le Seigneur Christ, celui qui a visité la
» terre dans sa bonté, et dont les regards
» paternels s'étendent sur les petits et sur les
» faibles, m'a conduite saine et sauve en ces
» lieux... »

« — Que le dieu Thor³ te châtie ! s'exclama
» la prêtresse dont les traits s'enflammèrent
» subitement de colère et d'indignation. Oui,
» je l'avais dit, cette jeune fille est imbue des
» erreurs de la secte du Dieu de l'Orient, et

---

¹ Nom ancien de la Vienne, rivière du Poitou ; elle coule à quelques lieues de Poitiers.

² Les montagnes du Poitou et du Limousin se relient aux monts d'Auvergne.

³ Dieu scandinave, fils d'Odin et de Frigga, présidait au tonnerre et aux orages, et défendait les hommes contre l'influence des mauvais génies.

5.

» professe un mépris avoué pour les dieux
» immortels de nos ancêtres. Et d'où vient à
» sa jeunesse cette rare impudence? Oublie-
» t-elle donc que ses paroles s'adressent à
» Velléda, la prêtresse de la grande Germa-
» nie...? »

« — O Velléda, reprit l'humble chrétienne,
» n'allumez pas le feu de vos colères, souffrez
» que sur ce libre sol de la Gaule j'adresse les
» hommages de mon cœur à l'Etre souverain
» qui m'a préservée de tout danger. Quant à
» vos dieux, c'est à tort que vous les dites
» immortels, de vos mains ils ont reçu une
» forme périssable, les démons se couvrent de
» leur ombre pour vous tromper; mais il est
» enfin venu le jour trois fois heureux, où le
» Dieu trop longtemps inconnu va les confon-
» dre en détruisant à jamais leur empire
» ténébreux.. »

Elle eût continué de parler, mais la prêtresse était en proie à une agitation violente.

« — Jeune fille, dit-elle, nous verrons bien
» qui l'emportera de nos dieux ou du vôtre... »

« — Puisse, répartit Soline, puisse le Sei-

» gneur Christ que j'adore, éclairer la noble
» Velléda de la douce lumière de la vérité, et
» répandre ses bienfaisants rayons sur la belle
» Germanie tout entière ! »

A ces mots, la jeune vierge quitta la tente de la grande prêtresse. Velléda, rendue à elle-même et à ses pensées, ne savait ce qu'elle devait le plus admirer de la vivacité des convictions de l'ardente chrétienne ou de la sérénité limpide de son regard. Puis, retombant de tout le poids de son trouble dans l'abîme de ses perplexités, elle se prenait à réfléchir sur cette doctrine étrange et sur ses partisans. « Qui peut leur inspirer une vie si pure? se » disait-elle. Quelle lumière conduit leurs pas » dans une voie aussi merveilleuse? » Alors elle s'égarait dans un dédale inextricable de conceptions. Les montagnes du doute se choquaient dans son esprit, comme en un jour de tempête les nuages, amoncelant leurs masses noirâtres, se pressent et se heurtent dans les champs étendus de l'espace. Parfois, ébranlée jusqu'en ses croyances, pleine de mépris pour ses dieux, dont elle ne pouvait se dissimuler l'impuissance, éprise d'admiration pour un culte dont elle entrevoyait les beautés, ardente, généreuse, elle eût volontiers sacrifié les rêves d'une ambition exaltée, pour imiter cette jeune fille dont l'innocence et la vertu lui apparaissaient comme supérieures à tout ce qu'elle pouvait imaginer; mais bientôt, lueurs vacillantes, ces inspirations se trouvaient combattues par les ténèbres; l'erreur en son esprit opposait de nouveaux chocs à la vérité, et la lutte renaissait douloureuse, interminable. Une main divine eût été nécessaire pour arracher le bandeau qui couvrait encore ses yeux. Réduite à ses seules forces, elle ressemblait au navire ballotté par des vents furieux au milieu des flots courroucés de l'Océan. Des hauteurs où un instant auparavant elle s'était élevée avec tant de peine, elle retombait tout-à-coup dans des profondeurs insondables qui menaçaient de l'engloutir à tout jamais dans leurs gouffres béants.

Cependant le jour tombait. A l'horizon, le soleil, comme un immense cercle de feu, disparaissait, laissant de larges et sanglantes déchirures qui reflétaient sur les coteaux voisins les flammes rougeâtres de l'incendie. Peu-à-peu l'air s'emplissait d'une couche vaporeuse, un sillon de brumes plus condensées planait sur la vallée, et retraçait toutes les sinuosités du fleuve en sa marche paisible. Drapés dans leurs robes de feuilles brunes, les arbres des forêts se perdaient dans les ombres et confondaient ensemble leurs formes gigantesques. Les bruits peu-à-peu formèrent comme une seule harmonie, puis tous les sons s'infléchirent et se turent, changés en un profond silence. Tandis que dans la plaine le pasteur avait assemblé son troupeau, le chasseur était rentré, le pas pesant, chargé de son butin. Le règne du repos était venu; le jour, et son fardeau, et ses fatigues avaient passé. Entouré de ses fils, espérance de la patrie, le vieux Carnute s'était assis à l'entrée de sa demeure. A la lueur du crépuscule, il leur contait ses prouesses d'un autre âge, ou les exploits d'Hésus[1], célèbre dans l'Occident,

---

[1] Hésus, (*terrible* en langue celtique), était chez les

ou les terribles apparitions députées par les enfers pour hanter les grottes caverneuses. Les sombres visions des Druidesses de l'Armorique[1], les danses macabres des esprits infernaux à l'île Sein[2], étaient surtout les récits préférés qui se gravaient dans les mémoires de générations en générations, sans cesser d'animer l'intrépidité des jeunes guerriers et d'enflammer leur ardeur à courir les aventures et à nombrer leurs exploits.

Quand la nuit eut achevé d'envelopper la montagne de son linceul ténébreux, on n'entendit plus que le cri des bêtes fauves dans la forêt voisine. Seules désormais, cherchant leur proie, elles essayèrent de troubler les échos de leurs clameurs importunes. Les unes après les

---

Gaulois le dieu des combats. Il était représenté armé d'une hache; on lui sacrifiait des victimes humaines.

[1] L'Armorique comprenait la Bretagne actuelle.

[2] L'île de Sein ou Sena est située dans l'Atlantique à quelques kilomètres de la côte du Finistère. Elle était autrefois un sanctuaire mystérieux du Druidisme. On la disait hantée par des apparitions.

autres, invitant au sommeil, les étoiles s'étaient rangées à l'instar d'une armée innombrable sur les parois de la voûte céleste, et du fond de leurs retraites, elles lançaient leurs feux à la terre, groupées comme des gerbes lumineuses.

Soline était descendue de la montagne. A la base du rocher, presque à l'orient de la cité, tout près de l'endroit où le fleuve se partage complaisamment pour distribuer ses eaux à la vallée, elle découvrit un léger enfoncement pratiqué en forme de cellule; ce fut en cet endroit qu'elle s'arrêta pour passer la nuit. Elle se doutait peu la sainte enfant qu'un jour, ses restes vénérés y trouveraient leur tombeau, et qu'un temple admirable par l'élégance et la légèreté prodigieuse de sa structure[1], associerait

---

[1] *Voir sur l'église Saint-Pierre la note qui se trouve à la fin de la légende du bréviaire.* — Actuellement une chapelle est consacrée à sainte Soline dans la même église. Sa statue, environnée de fleurs, est placée sur un pilier, vers le milieu de cette chapelle, et les fidèles, comme autrefois, vont prier devant son image et implorer son assistance précieuse et efficace dans leurs nécessités spirituelles et leurs besoins temporels.

son nom à celui du prince des Apôtres, pour perpétuer à travers les âges son culte et sa mémoire.

Eloignée des hommes, seule avec Dieu, longtemps elle pria. Une fois encore, en repassant les heures de la journée, elle se souvint de la grande prêtresse; puis, faisant des vœux pour le salut de cette âme égarée dans les chemins de l'erreur, elle s'endormit d'un sommeil calme et tranquille, véritable repos des cœurs purs, et se remit avec confiance aux espérances du lendemain.

V

L'AURORE venait d'ouvrir ses portes aux couleurs de roses ; tout était calme. La terre étincelait aux premiers feux des perles de la rosée nocturne, et les fleurs célébrant la belle fiancée du jour qui venait leur apporter lumière et chaleur, exhalaient leurs âmes en parfums exquis. La nature semblait baignée avec délices dans la fraîcheur de sa primitive jeunesse. Caché dans le feuillage tremblant du peuplier, le chantre le plus habile, le rossignol modulait ses chansons d'une variété sans fin. Héraut matinal, le coq avait une première fois lancé les éclats de sa voix et rompu bruyamment le sceau du silence; bref, tout s'éveillait pour annoncer un beau jour.

Au sein de la cité captive dans les chaînes du sommeil, un vieillard marchait; il avait devancé l'aube. De çà de là, dans les sentiers qu'il suivait, il se penchait d'une façon mystérieuse à l'entrée de certaines demeures, et sa voix grave invitait à bénir le souverain dispensateur des grâces. Bientôt il fut suivi à distance d'un cortège de fidèles qui s'avançaient épars dans des voies différentes. Soline n'avait point attendu cet appel; des premières elle s'était hâtée de gravir la colline et s'était jointe à la pieuse assemblée,

Au sommet de la montagne, non loin de la grotte où les Druides vaquaient encore à leurs cérémonies païennes, était une autre grotte, sorte de caverne allongée que la nature semblait avoir creusée elle-même dans l'enfoncement des rochers, et qui se trouvait comme adossée à la première. La foule, sortie des habitations éparses dans la cité, se perdit bientôt au sein de cet antre par des ouvertures à fleur de terre adroitement pratiquées. Quelques jets de lumière s'échappaient de la voûte et suffisaient à peine à dissiper les ténèbres; c'étaient presque les catacombes creusées par les chrétiens dans la campagne romaine. Là, chaque matin, s'unissaient dans la prière les fidèles de cette Église naissante.

Potentien[1], naguère dans la capitale du monde instruit dans la foi du Christ, s'était fait l'apôtre de la vieille cité, et se trouvait le pasteur du jeune troupeau. Il était venu dans les Gaules en compagnie de Savinien, l'évêque des Sénonais. Au sein de cette assemblée, diverse par l'âge, mais toute unie par les liens indissolubles de la Foi, on distinguait le saint

---

[1] « Saint Potentien ainsi que saint Savinien étaient disciples des apôtres de Jésus-Christ.» — Les uns veulent les compter au nombre des soixante-douze disciples du Sauveur, mais c'est à tort, leur nom même se récuse à être Juif; d'autres veulent placer leur mission à une époque plus récente; nous pensons qu'ils se trompent également. Leur légende, (que l'on peut consulter), nous paraît plus conforme à la vérité historique que toutes ces conjectures plus ou moins plausibles. Elle a pour elle l'approbation de Rome, gardienne des saines traditions.

vieillard. Sa large figure, à la teinte basanée, au port majesteux, émergeait radieuse et imposante comme un soleil, au milieu de ceux qu'il avait retirés du gouffre de l'erreur et qu'il appelait du doux nom de *frères*.

Sitôt il fit un signe, et les cantiques de la louange furent entonnés en l'honneur de Jéhovah, Créateur des mondes :

« Peuples de la terre, disaient-ils, louez
» Dieu dans la joie, servez le Seigneur avec
» allégresse... »

« Allez vous présenter devant Lui... Sachez
» que le Seigneur est le Dieu même qui vous
» a créés... et que vous êtes son peuple, l'objet
» de son amour et de sa prédilection... Bénis-
» sez-le tous les jours de votre vie, car le
» Seigneur est bon, sa miséricorde est éter-
» nelle, et sa vérité s'étend de génération en
» génération [1]... »

Les fidèles invitèrent chacun des êtres de la création à comparaître devant le Seigneur,

---

[1] Paroles du psaume : Jubilate Deo.

et à bénir le Dieu trois fois puissant et trois fois saint. Tour-à-tour leurs voix nommèrent les éléments terribles, puis la lumière et les ténèbres, les cieux et la terre, les poissons et les oiseaux, les animaux des forêts, tous les êtres enfin... Eux-mêmes s'engagèrent pour jamais à former sa cour aux pieds des autels sacrés.

Alors commença le sacrifice. Une pierre grossièrement sculptée était dressée presque à l'extrémité de la grotte, c'était l'autel. Parfois la Vierge druidique, ne laissant aux anciens prosélytes de son culte que le muet simulacre de sa présence, se plaisait à apparaître aux yeux des nouveaux fidèles et semblait près de son Fils assister, comme naguère, sur le Calvaire, à son immolation sainte. Animés par ces visions célestes, tous ensemble, ardents chrétiens, ils faisaient des vœux pour l'entière conversion de la cité. Soline appela également du fond de son cœur le règne de la belle Madone et du divin Enfant.

Après que l'apôtre eut revêtu ses ornements:

le casque du salut, le blanc manteau, symbole d'une âme immaculée, le manipule ou suaire imposé à l'homme par le travail, puis l'étole plus ample de l'immortel espoir, enfin la chasuble, emblème de charité et du zèle sacerdotal, il s'avança, pontife majestueux, pour offrir la Victime auguste. Le prêtre Adventin [1] et le diacre Eodald, se tinrent à ses côtés et l'assistèrent dans ses fonctions.

D'abord tous les fronts s'inclinèrent, les cœurs gémirent devant Dieu, affaissés qu'ils étaient sous le poids de leurs souillures terrestres; mais bientôt se relevant avec l'oint du Seigneur, ils invoquèrent le secours tout-puissant du Père, du Fils et de l'Esprit-saint.

« Que le Seigneur soit avec vous », dit le Pontife.

Et le diacre lut dans le saint livre la pa-

---

[1] Saint Adventin est reconnu pour avoir été le premier évêque de Chartres. Saint Eodald était l'un des compagnons de saint Potentien; il vint à Chartres avec saint Altin. Tous trois travaillèrent à évangéliser le peuple Carnute.

role de vérité annoncée récemment au monde par le Verbe incarné.

« Qu'il soit loué à jamais ! » répondirent en chœur les assistants.

Potentien était alors de retour d'un voyage qu'il venait de faire à la ville aux sept collines. Dans un dernier colloque avec Pierre, le prince des Apôtres, le saint pontife avait dit ses premiers travaux, son abondante moisson dans le champ des âmes, enfin ses espérances. Maintenant il avait hâte de redire au peuple chrétien de la cité Carnute les paroles de paix et de bénédiction dont il avait été comblé par le pasteur suprême, le fidèle confesseur du Christ. Puis la douleur, une grande douleur agitant son cœur :

« Mes chers fils, dit-il, vous, que j'ai en-
» fantés, et que je veux enfanter de nouveau à
» Jésus-Christ, jusqu'à ce qu'il soit formé en
» vous[1], bénissez Dieu dans les hymnes et les

---

[1] Paroles empruntées à l'Épitre de saint Paul aux Galates, IV, 19. — Les Galates n'étaient pas les Gaulois

» cantiques de la prière, l'Église du Christ, plan-
» tée dans son sang rédempteur, vient d'être
» arrosée d'un sang nouveau, elle a conquis
» dans la Jérusalem des vivants un protecteur
» glorieux et puissant, l'Apôtre Pierre n'est
» plus de la terre, il a reçu la couronne im-
» marcescible du martyre!... »

... Le pontife eût dit davantage ; mais il était vaincu par l'émotion. La parole expire sur ses lèvres, des larmes abondantes roulent de ses yeux et jusque sur sa barbe vénérable... Il avait connu personnellement l'Apôtre dépositaire des clefs du royaume céleste, maintes fois il avait joui de ses entretiens, de lui-même il avait en compagnie de Savinien reçu sa mission sainte. A Rome il venait dans son récent voyage d'être comme le témoin privilégié de son martyre [1]...

---

de l'Asie-Mineure, comme on l'a cru trop longtemps ; il faut entendre, selon plusieurs interprètes, les Églises des Gaules : « non in Galatiâ, sed in Galliâ. » — *Histoire générale de l'Église*, t. V, p. 537.

[1] « Un jour saint Martial, autre apôtre de la Gaule,

C'en était trop pour le cœur d'un fils tendre et dévoué !

A ses fidèles il essaya de redire au milieu des larmes d'une voix à peine calmée par la consolation et l'espérance célestes, toute la longue et affreuse série des tortures que lui firent endurer les barbares sicaires de l'empereur Néron, son crucifiement d'un nouveau genre, son respect et sa foi à l'égard de son bon Maître. Puis il termina en répandant sur ses néophytes les trésors des bénédictions divines dont il s'était fait le dépositaire.

L'émotion, la douleur, en même temps quelque chose d'une allégresse surhumaine, avaient

---

» envoyé par saint Pierre, parlait au peuple en plein
» air, suivant sa coutume, et au bas de la colline que
» baigne le Clain, une voix venue du Ciel l'interrompit,
» et, déclarant qu'à l'instant même l'apôtre saint Pierre
» mourait à Rome pour Jésus-Christ, elle lui enjoignit
» de fonder, sur le lieu même où il prêchait, une église
» en l'honneur du nouveau martyr. » (*Mémoires de la Société des Antiquaires de l'Ouest*, t. XXX, p. 460.) — Rien ne s'oppose à ce que saint Potentien ait pu faire un voyage à la capitale du monde.

gagné chacun des assistants. Tous s'encourageaient pareillement au martyre pour le cas d'une persécution dans les Gaules. La couronne du Ciel leur semblait préférable à la vie de la terre.

Le sacrifice reprit son cours au milieu de ces saintes aspirations. Le pontife invita les fidèles à redoubler de ferveur dans leurs prières, il commanda d'élever bien haut les cœurs au-dessus des sollicitudes et des préoccupations de la terre, et l'auguste immolation du Calvaire se réalisa de nouveau : Jésus-Christ s'offrit victime pour les péchés du monde.

« O Père, dirent les fidèles unis à la voix du
» pontife, que votre nom soit sanctifié... Don-
» nez aujourd'hui la nourriture de chaque
» jour... »

Et ils allèrent tous, fervents disciples, s'asseoir au banquet divin qui contient l'ambroisie merveilleuse de l'immortalité; puis confondant leurs cœurs dans le baiser de la charité et de la paix, ils reçurent l'aliment sacré qui doit être pour chacun le viatique de la terre au Ciel...

Cette scène avait été touchante. Les fidèles réconfortés se séparèrent, congédiés par les paroles du diacre.

Le jour avait grandi par les étroites ouvertures de la grotte, et quand ils sortirent, le soleil avait commencé sa carrière à l'horizon embrasé de ses feux étincelants. Chacun redescendit de la montagne. La petite assemblée s'égrena peu-à-peu, accompagnée des notes variées du chant mélodieux des oiseaux, et les fidèles s'en allèrent vaquer à leurs occupations journalières, nourris de la manne sacrée, encouragés par l'exemple, et fortifiés par la dernière bénédiction du chef du collège apostolique.

Mais la jeune vierge était demeurée dans la grotte aux pieds de la Madone bénie. Etrangère, elle dit au saint pontife son voyage et sa résolution. Il applaudit à son dessein, l'assura de la protection inépuisable de la Vierge-Mère et de son Fils, puis la marqua du sceau des enfants de Dieu, joyeuse troupe, destinée à suivre l'Agneau dans les festins célestes, en portant à la main le lys incomparable de l'innocence. Soline se retira l'allégresse dans le cœur. La timide colombe avait enfin trouvé son nid. Libre de suivre désormais l'appel de son fiancé divin et les inclinations de son âme, elle regagnait l'humble asile qu'elle s'était choisi au pied de la montagne, quand un groupe nombreux se présenta à sa rencontre : c'était Velléda.

Escortée de ses prêtres et de ses Ovates, et suivie de ses esclaves, la grande prêtresse abandonnait la cité des antres et regagnait les sombres forêts de la Germanie. Son front, chargé de nuages, avait l'aspect du ciel au moment de la tempête, et sur ses traits agités se lisaient par avance les ravages de la guerre et les orages terribles des combats.

Les deux femmes se reconnurent, elles échangèrent rapidement un regard. L'expression du dédain orgueilleux sillonna la physionomie de la prêtresse. Soline se contenta de réitérer ses vœux pour que les ténèbres qui obscurcissaient cette intelligence d'élite fussent dissipées, et qu'un jour ses yeux pussent s'ouvrir aux rayons éclatants du soleil de la vérité. Ainsi s'accusait encore une fois l'état bien différent de ces deux âmes : d'un côté, l'erreur et les ardeurs dévorantes qu'allument sans cesse et qu'alimentent les passions ; de l'autre, au milieu d'une atmosphère de paix et de bonheur, le règne de la Foi, cette fleur-boussole que le doigt de Dieu a posée ici-bas sur nos rivages pour guider les pas du voyageur dans cet immense désert de la vie sans limites et sans chemins, comme la mer. Seule, cette humble plante, à la vertu puissante, s'élevant au-dessus de nos passions, fleurs luxuriantes peut-être, mais qui nous déçoivent et nous égarent, elle peut nous conduire sur la terre, et plus tard dans la patrie céleste nous couronner des fleurs de l'immortalité, moissonnées dans les champs humides mais féconds du labeur et de la souffrance.

DEUXIÈME PARTIE

I

Bien des jours s'étaient écoulés rapides, depuis l'arrivée de la douce étrangère des plages éloignées de l'Aquitaine à la cité Carnute, et le voyage du saint apôtre Potentien à la ville aux sept collines. La lumière de la vérité progressait sur le monde, étendant ses rayons bienfaisants sur les âmes : mais l'astre de la vieille Gaule achevait de plus en plus de s'éclipser.

La vierge de Limonum multipliait ses vertus et moissonnait la gerbe de ses mérites : c'était la perle de la naissante Église. Son ombre était regardée comme salutaire par les païens eux-mêmes, et le nom de Soline n'avait de synonyme que dans le langage du Ciel.

D'autre part, le pontife avait poursuivi avec succès le cours de ses labeurs apostoliques. Les unes après les autres, sous l'impulsion de la parole sainte, des brebis nouvelles se rendaient au bercail; le troupeau avait augmenté. Parmi les Druides, plusieurs avaient reconnu leurs erreurs et cédé aux puissantes impulsions de la grâce. Confessant le néant des idoles devant lesquelles ils s'étaient longtemps prosternés, ils avaient cessé les vaines prescriptions de leur culte [1]. Le Fils de la Vierge avait commencé de remplacer Teutatès sur les autels. Pour eux aussi s'était accomplie l'époque de cet enfantement tant attendu. Le vieux roi lui-même n'avait point laissé se fermer ses yeux sans apercevoir la lumière du salut. Dernier rejeton d'une race antique, il avait fait hommage de sa

---

[1] L'empereur Claude, dit Suétone, venait d'abolir dans cette contrée l'exercice du culte barbare et sanguinaire des Druides, qu'Auguste n'avait interdit que pour les citoyens... (Sueton., Claud., XXV.)

suzeraineté à la Madone [1]. La Vierge-Mère avait été constituée son héritière ; elle s'appelait la Dame des Carnutes. Et lui, disant son « *Nunc dimittis* » à la terre, il s'était couché dans le tombeau de ses ancêtres, pareil à ces géants de nos forêts qui, ayant longtemps porté le lourd fardeau des années, semblent s'affaisser d'eux-mêmes et disparaissent instinctivement à l'approche de tempêtes nouvelles.

En effet, de graves événements n'avaient pas tardé à s'accomplir.

Un soir, le soleil jeta ses derniers feux à la terre de l'indépendance, puis ses rayons pâlirent, et s'enveloppèrent comme d'un crêpe funèbre. Bientôt des lueurs terrifiantes, semblables aux flammes d'un incendie, s'allumèrent dans le

---

[1] Quel était ce roi de la cité Carnute ? La plupart des historiens le nomment Priscus. Nous inclinons à croire que plusieurs personnages portèrent ce nom. La tradition constante est qu'il fit don de ses États à la Vierge-Mère honorée dans le sanctuaire druidique. De là viendrait cette coutume qui fut chère à la piété de nos pères d'appeler Marie : « *Notre-Dame de Chartres.* »

ciel, des cavaliers armés s'entrechoquèrent, un fleuve de sang roula ses ondes empourprées de l'Orient à l'Occident. Sinistres présages ! Les foules en furent effrayées ! Soudain une voix grave, solennelle, retentit au milieu des rochers. Un vieux Barde, retiré, solitaire, entonna des chants lugubres... Et tous, spectateurs émus et attristés, muets d'abord, ils s'écrièrent dans leur angoisse :

« C'en est fait de la patrie ! Nous sommes » esclaves des despotes romains ! »

Le lendemain, un messager haletant, harassé, couvert de sueurs et de poussière, confirma les sinistres pronostics. De nouveau la lutte avait recommencé sanglante, acharnée, terrible ; de nouveau le sol était jonché de cadavres ! Guerriers intrépides, hélas ! malheureux, désormais ils mordaient la poussière, mais du moins ils avaient combattu pour la liberté de la patrie, et la patrie ne leur avait pas refusé un tombeau !

Un dernier effort avait donc été tenté en faveur de l'indépendance. Autricum, la vieille et généreuse cité, avait pris une noble part à la lutte...

A quelque temps de là, au sein de cette même cité, une multitude aux abois s'agitait, tumultueuse, irritée, pareille aux moissons tordues avec violence par les autans. Rome, l'ambitieuse dominatrice, allait prendre possession de sa conquête, elle avait député son proconsul. Or, la vue du vainqueur rend encore plus pénible le souvenir de la défaite. L'arrivée de Quirinus[1] répandit la consternation, son aspect alluma la colère, à elle seule sa présence fut regardée comme un joug odieux, insupportable. Debout, dans les violents accès de sa fureur, le vieux Carnute avait brisé ses armes. Le plus jeune de ses fils, à l'exemple du héros de Carthage[2], avait juré de verser son sang pour la

---

[1] Quirinus, envoyé par l'empereur Claude, selon la tradition la plus commune, fut le premier gouverneur de la cité Carnute. *(Voir les légendes de saint Potentien et de sainte Soline.)*

[2] On se rappelle le serment qu'avait fait Annibal dans un âge encore tendre.

cause sacrée de la patrie. Elle-même, la femme gauloise s'était exaltée... Toute entière, la noble cité portait envie au sort de la magnanime Alésia[1]!...

Il ne restait plus qu'à gémir !...

Au nombre des prisonniers que traînaient à leur suite les légions victorieuses se trouvait la grande prêtresse Velléda.

Protégé par la supériorité de ses armes et le nombre de ses légions, le Romain superbe édifia son palais ; il eut ses thermes, son atrium et ses portiques. L'art vint insulter à la simplicité primitive des habitations. Peu à peu, la ville se transforma, elle dépouilla ses buissons épars et touffus, abandonna insensiblement ses

---

[1] Alésia (Alexia), aujourd'hui Alise, canton de Flavigny, dans la Côte-d'Or, ville célèbre par le siège qu'elle soutint contre César. Vercingétorix s'y défendit avec un courage admirable ; il fut même une fois sur le point, dans ses tentatives, de forcer les lignes romaines. Enfin, trompé dans ses espérances, pressé par la famine, il se livra aux Romains. La liberté gauloise périt à Alésia.

antres pour des demeures plus commodes, puis elle fut contrainte d'accepter des murailles, ceinture étrange ; elle s'étonna de se voir mesurer l'espace, et dut se résigner à vivre prisonnière du vainqueur ! Qu'il sembla dur l'essai de la servitude ! Habitué à brandir la pesante massue ou à frapper de la lance, le guerrier mania d'autres instruments, il conduisit la charrue qui, pour la première fois, apprit à déchirer la terre. Il implora la clémence des saisons, lui qui naguère passait ses jours dans les plaisirs de la chasse ou recueillait les fruits nés au hasard et sans semence. Jusque-là, modestes avaient été ses désirs, il n'avait point encore appris à se créer des satisfactions ou des besoins. La nature même parut obéir : en perdant chaque jour quelque chose de cet aspect sauvage qui faisait sa beauté, elle se civilisa. Alors la forêt gémit sous les coups que lui porta le fer brutal ; le chêne descendit des montagnes où il dressait son front majestueux, pour aller de ses lambris décorer de somptueux palais [1].

---

[1] « La cité Carnute prit sa part des coutumes et des

Mais la joie fut bannie. Bientôt le travail enfanta la plainte, la discorde naquit de l'orgueil et de l'ambition, et l'intrigue odieuse hanta la demeure des grands.

Dans la cité Carnute, les relations primitives furent changées. Soline, continuant à pratiquer sa sainte vie, faisait l'admiration de tous; mais les chrétiens ne tardèrent pas à être les premières victimes vouées aux persécutions et à la mort !

améliorations matérielles que l'extrême civilisation apporte à un peuple nouveau. Avec la loi romaine qui, faisant de la Gaule une province de l'empire, fit de ses habitants autant de sujets romains, s'implantèrent les arts, se développa le goût des sciences. Le gouverneur ou proconsul fut envoyé de Rome pour surveiller l'action de la conquête, s'y assurer de la docilité des grands et des petits, et y façonner le peuple vaincu aux goûts, aux travaux et aux spectacles même des vainqueurs.

II

Longuement étendue sur sa hauteur, la vieille cité, sortie de ses cavernes et de ses antres, semblait par les constructions récentes qui couronnaient son sommet, se pencher amoureusement pour regarder passer son fleuve, dont les ondes limpides, coulant à ses pieds, heurtaient les rocs détachés de la montagne, et s'en allaient, éparses dans le vallon, formant des îlots verdoyants, semblables à des bocages, au milieu desquels surgissaient des peupliers au tremblant feuillage, ou de hauts chênes aux longues branches pavanées de guirlandes de mousse, et de ce gui mystérieux que les Druides coupaient à la Noël avec leurs faucilles d'or. A l'Est, sur le versant opposé, légèrement incliné vers le Nord, le Romain avait choisi son Lucus ou bois sacré [1].

C'était là sur cette colline que devaient, peu d'années après, sanctifier les restes précieux de l'illustre martyr Caraunus [2], que furent dressés des autels et immolées des victimes

---

[1] Il paraît acquis à l'histoire que les hauteurs de Saint Cheron, appelées depuis *la sainte montagne*, devinrent, pour les Romains un lieu consacré à leurs divinités. La découverte de nombreux vestiges a plus d'une fois confirmé cette assertion.

[2] Caraunus (saint Cheron) fit partie de la mission envoyée dans les Gaules par saint Clément. Saint Denys l'Aréopagite en était le chef. Caraunus « avait » un grand désir de souffrir le martyre; or, cette espé- » rance ne pouvait se réaliser au milieu des peuples » qu'il évangélisait. » Dans ces lignes que la tradition a consacrées au saint diacre, nous avons une preuve que son séjour à Chartres fut postérieur à celui qu'y fit sainte Soline. Celle-ci y trouve la persécution, elle est ordonnée par Quirinus, gouverneur sous Claude et Néron; et Caraunus, malgré l'éclat des conversions opérées, n'a aucun espoir de cueillir la palme du triomphe, « il ne la dut qu'à sa Charité..., eam charitati debuit quam Christiani nominis hostes recusabant. » (*Légende du bréviaire*, XXVIII[a] die Maii).

en l'honneur de Vénus et des divinités immondes de Rome païenne. A l'Ouest, le fleuve s'en allait, courant toujours à travers de vastes prairies jusqu'aux rares habitations du village antique de la Leuca[1], et de sa luxuriante vallée, dite plus tard de Josaphat ou du Jugement, pour disparaître sous des ombrages touffus dans la direction du *Longus-Saltus* et de la *Fontaine-qui-boût*[2].

La jeune vierge, retirée dans le calme de la solitude, goûtait chaque jour les chastes délices de l'amour divin. Ayant, selon la parole de l'Évangile, choisi la part la meilleure[3], celle que choisit Marie, la sœur de Marthe, elle était assidue à écouter les colloques de l'Époux, et travaillait, elle aussi, à sa manière, à la conversion de la cité qui l'avait

---

[1] Le village de la Leuca (La lieue, auj. Lèves) passait pour être le principal sanctuaire du Druidisme.

[2] Le *Longus-Saltus* (Long-Saut), avec la *Fontaine-qui-boût* (Fontaine-Bouillant), sont des localités déterminées de cette vallée ombragée et verdoyante.

[3] Saint Luc, X.

accueillie dans son sein. Tandis que le pontife et ses saints acolytes se dépensaient en labeurs quotidiens, et allaient, par leurs paroles éloquentes, frapper à la porte des âmes, astres dévoyés loin du firmament de la vérité, elle, colombe mystique, soutenue sur les ailes de la Charité, prenait son essor vers le seul repos qui ne peut se rencontrer que dans l'essence divine. Mais elle était belle surtout, et une clarté presque céleste semblait l'envelopper tout entière, quand, après la communion, elle revenait sereine à son humble cellule, la bénédiction de Dieu sur elle!

Parfois, dans les tranquilles soirées d'été, lorsque le soleil couchant disparaissait derrière la montagne en éclairant vivement ses hauteurs, recherchée par quelques jeunes filles, elle ne dédaignait pas de mêler ses doux entretiens, et suavement, en laissant ses paroles trahir les secrets de son cœur, elle leur enseignait à marcher vers la voie du bonheur, celle qui apprend à vivre dans l'amour de Dieu et du prochain. Puis, quand le crépuscule tombait, quand, au-dessus des toits de la cité, des colonnes de fumée d'un bleu pâle, comme des nuages d'encens qui montent, sortaient de cent foyers, ensemble elles bénissaient dans la prière le souverain Maître de l'univers, et se séparant au milieu de pieuses impressions, elle se hâtaient de regagner leurs demeures, semblables à ces essains d'abeilles qui, ayant butiné tout le jour, rentrent le soir à la ruche en apportant au trésor commun la part de leurs riches provisions.

Mais la paix et l'union d'autrefois n'habitaient plus dans la cité. Combien les temps n'étaient-ils pas changés! Longtemps les vieux Carnutes avaient vécu heureux, tranquilles ; longtemps ils avaient été libres de la crainte qui règne avec le tyran, libres de l'envie, étrangers à l'ambition, ces vices des républiques. Leurs maisons, comme leurs cœurs, étaient ouvertes à tous. Là, le plus pauvre était riche, il vivait dans l'abondance.

Il ne devait plus en être ainsi. A ces jours avaient succédé d'autres jours, avec eux ils avaient apporté la défaite et l'esclavage de la patrie. Fière, jadis indomptable, l'antique cité courbait la tête avec une soumission mal contenue sous un joug odieux et despotique. Plusieurs s'étaient résignés peut-être, mais non pas tous : sans cesse de nouvelles rixes éclataient entre les vainqueurs et les vaincus ; ceux-ci nourrissaient la haine, ils alimentaient l'espoir de la vengeance. Que de fois le saint pontife, marchant d'un pas grave au milieu des rues de la cité, remplissait le rôle de Moïse sur la terre d'Égypte, apaisant les murmures, pacifiant les querelles, calmant les séditions, à tous enfin, d'une voix éloquente et d'un regard suave, montrant le ciel pour remplacer la terre :

« Que faites-vous, mes enfants ? disait-il,
» quelle fureur vous enivre ? quel aveuglement
» vous a saisis ? Combien de jours n'ai-je pas
» travaillé au milieu de vous ? Je vous ai appris
» à vous aimer les uns les autres, non pas
» seulement en paroles, mais en actes. Avez-
» vous sitôt oublié la sainte doctrine, cette loi
» si belle qui contient ces leçons d'amour et de

» pardon? Je vous parle au nom de Dieu,
» prince de la paix : voudriez-vous le renier
» par des actions violentes? Oseriez-vous l'ou-
» trager par des cœurs débordant de colère?
» Le Christ, le divin Crucifié, vous regarde du
» haut de la croix où il mourut pour vous.
» Voyez! Quelle douceur dans ses traits! quelle
» pitié sainte respire dans ses yeux si tristes!
» Ecoutez! comme ses lèvres répètent encore
» la prière : — O Père, pardonne-leur! Mes
» enfants, mes chers fils, tous en sa présence
» répétons-la cette prière, à cette heure où les
» méchants nous assaillent, répétons-la main-
» tenant et disons : O Père, pardonne-leur!... »

Et les paroles du Pontife pénétraient profondément dans les cœurs des néophytes; des sanglots de repentir succédaient à des explosions de colère, et ils répétaient la prière, et ils disaient :

« O Père, pardonne-leur!... »

Cependant, tous ne se montrèrent pas dociles à ses conseils, tous n'écoutèrent pas ses sages exhortations. Quelques-uns, esprits brouillons, difficiles, turbulents, s'associèrent aux débris de la secte druidique et à des meneurs ambitieux qui ne rêvaient qu'à parvenir à leurs fins perverses. Retirés fréquemment à quelque distance de la cité, dans un vaste souterrain, auquel conduisait un long et sinueux corridor, imitant plus ou moins les détours d'un labyrinthe, ils méditèrent à loisir dans le silence des nuits de sinistres projets. Préoccupés d'abord de recruter des complices, ils les initiaient peu-à-peu et par degrés à leurs sombres mystères. Sous prétexte de les éprouver, les nouveaux adeptes étaient soumis à une série d'attaques, moitié burlesques, moitié effrayantes, dont devaient triompher leur fermeté et leur bravoure. C'était sans cesse quelque nouvelle machination. Tantôt, à leur entrée dans le lugubre souterrain, des fantômes à forme humaine venaient à leur rencontre, traînant des chaînes et poussant des gémissements ou des cris horribles ; tantôt, des spectres hideux gambadaient et grimaçaient autour d'eux. Plus loin, c'étaient des animaux carnassiers, des bêtes sauvages, qui semblaient vouloir se jeter sur eux, en hurlant et en rugissant. Mais aussitôt que les nouveaux élus, d'un bras déterminé, levaient leur arme sur ces ours et ces lions de contrebande, ils s'enfuyaient et disparaissaient dans l'ombre épaisse à travers les nombreux pilastres de l'immense galerie.

Telle était la série des épreuves auxquelles se voyaient soumis ceux qui aspiraient à faire partie de cette horrible association. Les Druides en effet, prêtres, juges et médecins, c'est-à-dire magiciens, exerçaient sur les populations l'empire d'une triple frayeur. Et rien n'était plus motivé que ce sentiment, car ils tenaient dans leurs mains la vie de la plupart de leurs adeptes[1]. Au moyen des pratiques les plus bizarres de la magie ou plutôt d'une sauvagerie trop peu dissimulée, l'Enfer savait recruter ses partisans, et déjà, dans ces temps reculés, toute cette fantasmagorie ne servait qu'à frapper l'imagination des faibles pour mieux masquer les véritables machinations de la secte qui était entièrement à ses ordres.

---

[1] *Vie de Saint-Martin*, par A. Lecoy de la Marche, p. 20.

III

Une large voie jadis ouverte par les habitants de la contrée[1], et plus tard agrandie par les légions romaines, partait de Genabum, la ville des Auréliens, assise sur les bords de son fleuve[2], et de là, parcourant d'immenses plaines[3], venait aboutir à l'antique cité des Antres. Plus d'une fois, les armées de la vieille Gaule, rassemblées sur le territoire des Carnutes, s'étaient par cette voie élancées vers les

---

[1] La Gaule avait des chemins avant l'invasion romaine, autrement « elle n'eût pas dès lors été vantée pour la construction des voitures. » (*Encyclopédie catholique*, t. XII, p. 234.)

[2] La Loire, autrefois *Liger*, *Ligeris*, — Genabum, aujourd'hui Orléans.

[3] Les plaines de la Beauce.

champs de batailles sanglantes[1]; plus d'une fois, les femmes gauloises s'attachèrent aux pas des guerriers et se mêlèrent à leurs rangs, les cheveux épars et agitant des armes, tandis que les Druides, fièrement immobiles et les bras levés au ciel, invoquaient leurs dieux et prononçaient avec solennité d'horribles imprécations[2]. Aux abords de la cité, à l'endroit où la voie commençait à gravir la colline, dans le sein du vallon, près d'un simple ruisseau[3], qui se jette dans la paisible Ebura, existait alors une sorte de nécropole[4]. Là, dit-on, furent

---

[1] « Le signal de l'insurrection que dirigea l'Arverne, si fameux sous le nom de Vercingétorix, partit de la terre druidique des Carnutes de Genabum. » (*Encyclopédie catholique*, t. XII, p. 233.)

[2] Il en fut ainsi notamment en l'an 61 après Jésus-Christ, quand le général romain Suetonius Paulinus alla attaquer les Bretons et poursuivre les Druides dans un de leurs derniers asiles. (*Encyclopédie catholique*, t. XII, p. 233.)

[3] Ce ruisseau s'appelle le Bardeau.

[4] Les squelettes récemment découverts en cet endroit « peuvent remonter à la fin du III⁰ siècle, leur inhumation tend à les faire considérer comme chrétiens,

couchés dans la poussière pour dormir le sommeil de la mort, nombre de braves qui avaient versé leur sang pour la défense de leur patrie.

Sur le versant opposé de la cité, la même voie se continuait par le village de la Leuca, pour de là, conduire à la cité des Durocasses[1], habitée par les vénérables Druides. Mais tout d'abord, elle s'engageait dans une vaste forêt, qui prolongeait vers le Septentrion et surtout vers le soleil levant ses vastes ramifications, lesquelles semblaient enceindre la rivière, et enchâsser dans des flots de verdure ses rives tortueuses et solitaires.

---

avec réminiscences de coutumes gauloises, comme l'indiquent les clous trouvés à côté. Les vases funéraires sont du Ier et du IIe siècle et renferment les restes de Gaulois ayant divers points de contact avec les Romains. Les ossements de la couche inférieure des alluvions sont Gaulois et remontent à 800 ans avant l'ère moderne ». (*Bulletin de la Société archéologique d'Eure-et-Loir*, n° de décembre 1882.)

[1] Durocasses, Dreux. Ce nom et celui de quelques autres villes indiquent d'anciens lieux de résidence des Druides (*Encyclopédie catholique*, t. XII, p. 233.)

Non loin de la voie, là où les bois arrêtaient les vagues fleuries de la prairie, Soline marchait un jour. Elle avait visité les quelques néophytes de la chrétienté naissante, évangélisée au passage par le prêtre Altin et le diacre Eodald, qui déjà avaient tenté de se frayer un chemin vers la cité des Parisii[1]. Ces derniers convertis habitaient quelques grottes groupées au hasard, ou même avaient élevé des huttes adossées à la montagne. Or, c'était sur le déclin du jour; déjà une ligne d'ombre, alternée de rayons de lumière, courait sur les cimes des arbres et annonçait la prochaine disparition du soleil derrière ces sommets élevés et verdoyants : du faîte des cheminées ou des ouvertures pratiquées en cônes allongés, montaient et s'évasaient dans l'air de minces colonnes de fumée bleue. Accompagnée de quelques jeunes filles, la vierge cheminait pour regagner sa modeste cellule au pied de la cité, quand tout-à-coup, du milieu des grands arbres d'un fourré voisin, des éclats de voix se firent entendre, suivis

---

[1] Parisii ou Parises dont la capitale était Lutèce.

bientôt de ricanements diaboliques. Elles avaient approché d'une éminence entourée de fossés de forme circulaire que l'on appelait communément la « Montagne des Lieues ». Là se pratiquaient fréquemment les cérémonies religieuses du culte druidique. Que de fois ce sol fut arrosé de sang et surtout de sang humain[1] ! Les voix entendues étaient parties de ce même côté, près d'un arbre plusieurs fois séculaire, et regardé comme sacré par les « hommes du gui de chêne[2]. »

---

[2] On ne peut nier que les sacrifices humains ne fussent la base du culte druidique et la cérémonie principale. — « Les Gaulois, dit César, immolent des hommes en guise de victimes ou font vœu d'en immoler. Les Druides sont les ministres de ces sacrifices... Ils pensent que les immolations les plus agréables aux dieux sont celles des individus qui ont commis des vols ou d'autres méfaits ; mais quand ce genre de victimes leur manquent, ils sacrifient des innocents. » (César, de Bello Gallico, VI, 16). Cicéron, Pomponius Mela confirment la réalité de ces rites sanguinaires (Cicero, Pro Fonteio ; Pomp. Mela, III, 2 ; cf. *La cité Gauloise*, p. 261 et suiv.)

[2] Derwyddin ou Derwidden, dont nous avons fait *druide* et qu'on trouve employé par tous les anciens auteurs gallois, ainsi que dans les poésies des Bardes des

Sitôt les jeunes filles avaient eu hâte de se signer, et Soline avait invoqué la force de Dieu contre les esprits de ténèbres qui hantaient une imposante caverne située près de là. Elle était creusée dans la partie de la montagne qui regarde le Levant[1]. C'était là que l'association

cinquième et sixième siècles, est formé du celtique *der, dero, deru, derven*, chêne, et du gallois *wydd*, le gui ou le visque de chêne, et de *dyn, den*, homme en gallois et en breton. (*Encyclopédie catholique*, t. XII, p. 232).

[1] On voit dans la commune de Lèves, à 4 kilom. de Chartres, un reste de forêt dans laquelle se faisaient communément les cérémonies religieuses. Il y a une éminence appelée la *Montagne des Lieues*, d'où est venue par corruption le mot de Lèves. A peu de distance de là, vers la rivière, se trouve une carrière vaste et profonde. C'est dans ce souterrain et beaucoup d'autres semblables, que les Druides se retiraient pendant la tenue des assemblées nationales; l'on présume qu'ils y réunissaient aussi leurs disciples pour les initier dans les pratiques secrètes de leur religion : au moins c'est l'opinion assez fondée de quelques auteurs. Sébastien Rouillard, cité par M. Chevard dans son *Histoire de Chartres*, dit que les Druides chartrains avaient un mont appelé *La montagne des Lieues*, à laquelle se terminait le diamètre des terres sujettes à leur gouver-

infernale composée de Druides haineux et de Gaulois réfractaires, tenait ses principales assises. Dans l'endroit le plus reculé, s'étendait un vaste emplacement formant une salle immense, qui, à défaut de la lumière extérieure, n'était éclairée que par les flammes d'un énorme bûcher, mêlant ses ondes avec des mugissements et projetant au loin ses lueurs éblouissantes. Le long des parois des murailles s'alignaient des sortes de sièges creusés dans d'épaisses couches d'argile. A droite et à gauche, en rangs pressés, se tenaient les partisans de la secte, puis au fond, presque à l'extrémité, sur une légère éminence, étaient ménagés d'autres sièges qui légèrement dominaient l'assemblée. Là prit place Dumnorix, le chef incontesté de la secte, avec son lieutenant Vergomar, tous deux unissant à une physio-

---

nement, et dont elle formait comme le centre. Au reste, les principaux chefs des Druides faisaient leur résidence au pays chartrain où était le sénat, le siège souverain de leur domination. (*Dictionnaire de géographie ecclésiastique*, Migne, *Encyclopédie théologique*, t. II, p. 286 et suiv.)

nomie caractéristique par sa laideur, ces regards fascinateurs de la bête fauve, qui endort et paralyse sa proie, avant de la saisir et d'en faire sa victime.

Parfois un personnage mystérieux et d'un aspect plus terrible encore, apparaissait tout-à-coup et s'arrogeait la présidence. C'était principalement quand se présentait la circonstance de quelque délibération importante ou l'immolation de victimes humaines, que sa présence était remarquée. Dédaignant d'assister aux autres sacrifices, il était évident qu'il avait tout particulièrement soif de voir couler le sang de l'homme. Alors ses yeux lançaient des éclairs, de sa bouche et de ses narines s'échappaient comme des gerbes de flammes. Son attitude indiquait le contentement, la satisfaction la plus grande, et tout son être paraissait s'agiter dans les tressaillements d'un véritable triomphe.

Or, une nuit, les membres étant tous assemblés, devait se tenir une séance des plus graves, des plus solennelles. D'abord commencèrent les sacrifices en l'honneur des divinités de la Gaule; car, proscrit par les vainqueurs[1], le culte druidique s'était réfugié dans les cavernes et dans les antres. Trois victimes étaient préparées pour l'immolation : un chien, un enfant et un malfaiteur[2].

L'animal sentit à peine le fer qu'il poussa des hurlements épouvantables, il fut immolé aux divinités de la caverne, afin qu'elles se montrassent favorables aux délibérations. Après le chien vint l'enfant. Seul, isolé, le pauvre petit avait été surpris par un des suppôts ou pourvoyeurs. Aussitôt saisi et garrotté, il avait été couvert d'une sorte de sac afin d'étouffer ses cris et ses gémissements, puis,

---

[1] L'empereur Claude, à l'exemple de Tibère, lança contre les prêtres gaulois un arrêt de proscription générale, et ordonna de les poursuivre à outrance comme des ennemis de l'ordre public. (Plin., *Hist. lib.*, XXIX, cap. III ; Sueton. in Claudio Cæsare).

[2] On sacrifiait à Teutatès et aux autres divinités des chiens qui étaient fréquemment remplacés par des victimes humaines surtout dans les circonstances importantes *(Encyclopédie catholique,* t. XII, p. 232.)

précipité dans une obscure prison, il venait d'être amené pour le sacrifice. En un instant, il fut étendu sur la pierre qui servait d'autel ; de lourds anneaux rivés à des chaînes de fer lui furent passés aux pieds et aux mains, puis, après quelques rites accomplis, au signal donné par l'archidruide, au milieu des clameurs des assistants, le sacrificateur, armé du glaive, le frappa au cœur, et, de sa main barbare puisant un flot de sang qui ruisselait à travers les entrailles fumantes, il en aspergea l'assemblée.

Il y eut un moment d'attente ; mais, lorsque les restes sanglants de la jeune victime eurent été consumés dans les flammes ardentes du bûcher, la troisième fut conduite au lieu de l'immolation ; alors pratiquant un rite extraordinaire, usité dans les grandes circonstances, ils la frappèrent un peu au-dessus du diaphragme[1]. Sitôt qu'elle fut tombée sur le sol perdant ses forces et baignée dans son sang,

---

[1] *Encyclopédie catholique*, t. XII, p. 232.

les prêtres s'approchèrent, et, prêtant un regard attentif à ses palpitations, ils tirèrent des présages de sa chute, du flux et de la couleur du sang, surtout de ses râlements et des convulsions de l'agonie [1]. Puis, leurs observations sinistres terminées, après avoir ainsi à plusieurs reprises plongé leurs mains dans les entrailles de la victime, ils jetèrent dans l'immense brasier les membres encore chauds et palpitants [2].

Cependant, au milieu des évocations faites par les sacrificateurs, plusieurs noms avaient été prononcés, comme voués à l'exécration et à la mort. Le nom du pontife saint qui était

---

[1] Diodore, V, 21-31. — Strabon, IV, 3. — *Vie de saint Martin*, par A. Lecoy de la Marche, p. 21.

[2] Il faudrait lire ce que les auteurs profanes et en particulier Lucain (lib. III, 399) ont écrit des pratiques du druidisme. On pourrait se convaincre facilement que ces religions païennes n'étaient qu'un effroyable tissu de cruautés barbares et de pratiques abominables auxquelles l'enfer était loin d'être étranger, pas plus qu'il ne l'est à certaines pratiques de nos sectes modernes.

venu évangéliser la cité Carnute, le nom de la jeune vierge elle-même, suscitèrent les explosions de la colère et de la haine la plus furieuse ; en un mot, tous les chrétiens sans exception furent menacés des supplices les plus horribles :

« Périsse, s'écrièrent-ils, tout ennemi de
» nos dieux ! »

Alors, des druidesses, des fées et des magiciennes, associées à une armée de démons qui paraissaient sortis de l'enfer, se livrèrent à des danses et à des transports frénétiques. La nuit entière se passa dans ces orgies et ces abominations impossibles à décrire, et ce ne fut qu'à l'apparition du jour que ces hôtes singuliers subitement évanouis, laissèrent la montagne dans le calme et le silence [1]. Plusieurs fois des

---

[1] « Leurs fêtes étaient souvent souillées par le sang ; et elles-mêmes étaient forcées d'y être ou meurtrières ou victimes. Parfois aussi elles assistaient à des sacrifices nocturnes, toutes nues, une torche à la main, le corps teint de noir, les cheveux en désordre, s'agitant dans des transports frénétiques, — « comme des furies » — dit Tacite. Parmi les druidesses les plus célèbres,

flammes s'échappèrent de ces ouvertures, comme d'un cratère, des tourbillons d'une épaisse fumée furent lancés vers le ciel ; on eût dit l'Etna ou le Vésuve en travail, prêts à vomir leurs laves brûlantes et à embraser de leurs feux toutes les collines d'alentour.

Cependant les fidèles allaient être en butte aux attaques de leurs ennemis ; la guerre était déclarée aux partisans du nouveau culte importé

---

on comptait les neuf vierges terribles de l'île de Seyn, à la pointe de l'Armorique (sur la côte du Finistère, non loin de Sainte-Croix). L'influence des druidesses sur l'esprit des peuples gaulois se perpétua malgré les édits des empereurs et les efforts des prêtres chrétiens. On retrouve encore sous les rois de la seconde race ces prêtresses redoutées, des *Fanœ, Fadœ, Fatucœ, Gallicœ*, exerçant un grand empire sur les Gaulois comme sur les Francs leurs vainqueurs, qui venaient leur apporter des présents et des hommages dans le creux des cavernes, au fond des puits desséchés et aux bords des torrents où elles établissaient leur demeure. Ce sont elles qui, sous le nom de *fées*, figurent dans nos traditions populaires ou dans les contes merveilleux dont on amuse nos enfants. » *(Encyclopédie catholique*, t. XII, p. 233.

des plages lointaines de l'Orient. Erreurs pour erreurs, l'accord pouvait s'établir entre païens, Teutatès consentait à céder la place à Jupiter ; mais entre Jésus et Bélial, aucun compromis n'était possible. L'Enfer le savait, aussi dans chacun de ceux qui faisaient profession de la religion du Crucifié, voyait-il autant d'ennemis acharnés qui étaient conjurés contre lui. Il se résolut donc à engager la lutte, et, unissant les sectateurs du druidisme et les zélateurs du paganisme romain dans une même conjuration, il entreprit de noyer dans des flots de sang les fidèles du Christ.

Cependant les chrétiens, sans plus s'inquiéter de l'avenir, puisaient avec bonheur aux sources sacrées de la grâce. Leur vie, depuis qu'à leurs yeux s'était ouvert un nouvel horizon, s'était illuminée de la lumière de l'amour, elle ressemblait aux cieux qui brillaient au-dessus de leurs têtes, elle était pure comme les eaux du fleuve qui en reflétaient l'azur dans leur limpidité. Sans doute, une ligne d'ombre voilait pour eux le sort du lendemain, mais lorsque Dieu est dans le cœur, quand le temps s'évanouit pour faire place à l'éternité, qu'importe la terre et ses biens et ses trésors ! L'âme n'est déjà plus de ce monde, joyeuse elle se penche vers un autre firmament, elle en savoure les beautés incomparables, et ces joies et ces délices anticipées, en lui causant d'ineffables enivrements, chassent toutes les peines, bannissent toutes les inquiétudes, calment toutes les souffrances. Spontanément les cœurs sont attirés par la pensée d'une patrie commune, entre eux se forment de doux liens, ils usent de la vie comme d'une chose passagère, et les jours, les mois, les années fuient aussi rapides que les arbres du rivage à l'approche du navigateur entraîné sur une barque légère par le courant d'un fleuve rapide. Ainsi vivaient paisibles les fidèles de la naissante Église.

IV.

La fille des Pictaves, profitant des derniers feux du jour, avait été assez heureuse pour atteindre les premières habitations de la cité. Dans son zèle et son amour pour ses frères, elle n'en avait pas moins couru un réel danger. Reconnue par un des partisans de la secte infernale, elle eût été en but à leurs outrages, si elle n'eût payé de sa vie la générosité de son dévouement.

Cependant le mot d'ordre était donné, les intrigues ne tardèrent pas à commencer.

Au sommet de la montagne sur laquelle est assis Autricum, assez près de la grotte druidique, s'étendait un vaste emplacement laissé libre au milieu des cavernes et des rochers. C'était comme le forum de la cité Carnute. Là, naguère encore, le peuple s'assemblait en présence des prêtres et des vieillards pour décider de la paix et de la guerre ; là s'agitaient à ciel ouvert toutes les questions importantes ; et cette enceinte large et spacieuse formait une sorte de camp limité de distance en distance par d'énormes pierres. Fréquemment on y venait adorer Bélénus [1], le dieu-soleil à son lever, ou le puissant Hésus qui préside aux combats.

Ce fut en cet endroit que s'éleva désormais le palais du proconsul. Citadelle menaçante, elle s'imposait par sa situation formidable : l'aigle altier semblait avoir choisi son aire pour se précipiter à l'improviste sur sa proie. Des milliers de bras travaillèrent nuit et jour à construire cet édifice imposant, masse énorme, assez semblable

---

[1] Bélénus, divinité gauloise, était le soleil, le Mithra des Perses, le Baal de l'Écriture et le Bélus des Assyriens. On a cherché dans la valeur des lettres numérales qui entrent dans le mot Bélénus le sens qui pouvait s'y cacher, et l'on a trouvé que ces lettres représentaient un total de 365, nombre égal à celui des jours de l'année, ce qui a confirmé la présomption que Bélénus était le soleil. (*Encyclopédie catholique*, t. III, p. 395.)

à ces ruines antiques longtemps respectées par les âges, et que nous ont léguées nos pères en mémoire d'un passé belliqueux [1]. Le soleil, à son lever, paraissait heurter avec surprise cette récente demeure; puis, comme si redoutant un contact étranger, il avait eu hâte de fuir, il des-

---

[1] L'ancien château des comtes de Chartres était, paraît-il, à l'extrémité de la place Billard. La rue des Changes s'appelait la rue du Château. Les écuries étaient dans la rue de la Croix-de-Beaulieu, dite encore rue des Ecuyers. L'escalier de bois connu sous le nom « *d'escalier de la reine Berthe* », pouvait n'être qu'un escalier de service. Plusieurs fois des souterrains ont été découverts en cette partie de la ville, ils attestent, au témoignage des architectes, que d'anciennes constructions y ont existé. Les Romains, César lui-même qui, à plusieurs reprises, séjourna chez les Carnutes, ont pu élever une habitation fortifiée, sur l'emplacement de laquelle nos seigneurs chartrains auraient bâti leur palais féodal. Sur la fin du huitième siècle, les évêques de Chartres habitaient un fort qu'ils avaient fait construire, et qu'on appelait le Châtelet, près de la porte qui en a pris le nom. Plus tard, le palais épiscopal fut élevé près de l'église. Yves de Chartres dit dans un titre de l'an 1100 qu'il l'a fait rebâtir en pierre, au lieu d'un autre qui n'était que de bois. — (*Voir les histoires de la ville de Chartres*).

cendait rapidement de la montagne, pour aller dans les prairies ondoyantes baigner ses rayons naissants au milieu des flots d'une épaisse verdure, non sans saluer sur son passage chacune des grottes sombres, où s'abritaient dans la tristesse et le deuil les derniers débris d'une des races les plus héroïques de la vieille Gaule. Vous eussiez dit un prisonnier, s'échappant de ses fers, jaloux de s'élancer dans la plaine, afin de reconquérir sa liberté perdue.

Tout dans ce palais formait un contraste étrange. Ici, l'esclave traînant ses chaînes, et n'ayant point encore dépouillé sa fierté; plus loin, le vainqueur insolent, abusant de ses droits, outrageant l'infortune. Pêle-mêle, dans un vaste atrium, le romain et le barbare, assemblés par groupes divers, s'entretenant de nouveaux combats, et déjà par avance, escomptant largement la victoire : celui-ci ne dissimulant pas sa rapacité brutale, celui-là orgueilleux de vaincre, mais non moins enclin à satisfaire son penchant pour le luxe et la jouissance. Les fils de l'Italie n'avaient plus cette vertu austère des anciens temps; ils étaient eux-mêmes dégénérés.

Pour compléter ce tableau, des armes, des boucliers, des pieux et des faisceaux de licteurs; puis, des coursiers hennissant au repos, enfin tout le tumulte inséparable du campement d'un corps d'armée. Bref, l'œil s'étonnait d'un tel aspect au sein de la cité vierge, et l'oreille se prenait à regretter les harmonies sauvages du chant national des guerriers ou leurs clameurs retentissantes en présence de l'ennemi.

Environné de ses satellites, Quirinus savoura les plaisirs de sa domination despotique au sein de son imposante demeure. Les heures dérobées aux festins et à la débauche étaient employées à faire sentir aux vaincus toute la pesanteur d'un joug aussi dur que le fer. Rome se vengeait: le « *væ victis !* » retombait comme un poids écrasant sur les fils désarmés du vieux Brennus[1], et le glaive du vain-

---

[1] Brennus, général des Gaulois sénonais, qui, l'an

queur pesait encore cette fois bien lourdement dans la balance.

Or, un soir que les longs travaux du jour venaient de se terminer, chacun rentrait après la tâche accomplie, et tous les membres de la famille étaient joyeux de se trouver réunis: le pontife, comme à l'ordinaire, allait dans la cité, de foyer en foyer, consolant, bénissant, encourageant, et partout se faisant l'image fidèle du bon Maître au milieu des villes et des bourgades de la Judée, ici, rappelant une âme à demi paralysée ou déjà morte à la vie surnaturelle de la grâce, ailleurs, attendant ou invitant à boire aux sources de la vérité quelque autre Samaritaine. Sur ses pas on bénissait Dieu, car la voix du saint apôtre résonnait dans

---

390 avant J.-C., faillit s'emparer de Rome. Ils consentirent à se désister de l'entreprise, moyennant mille livres d'or. « Camille, nommé dictateur, arriva au moment où le Brenn pesait l'or, et ajoutait au poids son épée avec le baudrier, en s'écriant : « Malheur aux vaincus ! » Cette tradition est contredite par de graves historiens (*Encyclopédie catholique*, t. XII, p. 227.)

les cœurs comme un écho venu du ciel, et la nouvelle famille du Christ jubilait pleine de vénération pour son pasteur: Satan seul et ses vils suppôts en concevaient une rage extrême.

Les heures écoulées et le repas frugal terminé, les feux s'étaient éteints et les antres s'étaient clos: les brouillards envahissants de la nuit avaient pu sans obstacle reculer leurs limites. Soudain la lune, sentinelle du repos, avança son large et mystérieux regard à travers les déchirures de l'horizon. Puis bientôt, son disque rouge et sanglant surgissant de plus en plus, en silence elle commença sa marche dans les cieux et promena sur les objets sa lumière livide et tremblotante. Parfois de gros nuages noirs, chassés par le vent, en dérobaient presque entièrement l'éclat, même une auréole blafarde, signe précurseur de la tempête, avait environné son disque.

Tout reposait dans l'antique cité; le chien fidèle aussi bien que l'oie vigilante[1]. Vaincue par

---

[1] Allusion aux oies du Capitole, qui par leurs cris furent le salut de Rome.

le sommeil, Soline avait terminé ses longues oraisons. Son cœur s'était empli d'amour, et les mots se troublant, s'étaient arrêtés sur ses lèvres. Donc, après avoir longtemps prié, elle venait de se jeter sur son humble grabat, composé de feuillages désséchés. L'innocente jeune fille ne se doutait pas qu'à l'heure de ses veilles austères, le démon, furieux de voir chaque jour s'écrouler l'empire de sa domination sur les âmes, ourdissait non loin de là sa trame ténébreuse; ou plutôt, elle n'avait point oublié qu'il faut toujours être en garde contre les attaques de ce lion rugissant, et se tenir armé du bouclier de la prière.

Effectivement, dans le palais du proconsul, deux hommes veillaient inspirés par la haine. Appesanti par les libations copieuses d'un festin, dans lequel avaient figuré, pour flatter la barbare fierté des vainqueurs, quelques-unes des plus belles et des plus nobles captives, et entre les autres, Velléda, la grande prêtresse, Quirinus, le gouverneur de la cité Carnute, dormait d'un profond sommeil; ses officiers l'avaient imité. Deux seulement, délégués de la secte infernale, avaient profité de la circonstance pour méditer à loisir de sinistres complots.

« Périssent les chrétiens! s'écria tout-à-coup
» Arminius, l'un d'eux, que la divinité des
» empereurs triomphe de l'insolence de cette
» secte maudite! »
— « Par Taranis[1], dieu de la foudre,
» s'exclama à son tour le gaulois Batoris, que
» le sol de la patrie ne soit jamais abreuvé que
» du sang des adorateurs du Dieu de l'Orient! »

Et les deux complices méditèrent à loisir leurs criminels projets. Le nuage orageux, tout chargé de haines et de vengeances, devait rester pendant quelque temps suspendu, comme un lugubre et menaçant mystère, sur la tête des victimes, puis éclater soudainement, et les

---

[1] Taran ou Taranis, en langue celtique, signifiait tonnerre. Les Gaulois appelaient ainsi le dieu de la foudre.

saisir toutes à la fois, à jour et à heure fixes, en déchargeant sur elles ses multiples éléments. Mais il s'agissait de s'assurer des exécuteurs, des hommes d'action, sicaires armés, choisis et recrutés parmi les ennemis les plus acharnés et les plus implacables des Chrétiens, c'est ce soin qui leur était dévolu par l'assemblée des conspirateurs.

Déjà, fiers de leurs combinaisons, et se croyant par avance assurés du succès, ils songeaient à la retraite, et croyaient le temps venu de dissimuler leur présence à l'intérieur du palais, quand tout-à-coup, au moment de sortir, ils entendirent au dehors, sur les dalles de pierre qui ornaient le péristyle, s'accentuer un léger bruit de pas; au même instant une forme élégante et svelte se dessina subitement devant leurs yeux. Ils avaient craint d'être découverts, lorsqu'ils reconnurent Modeste[1], la fille du proconsul. Ils la virent assez distinctement

---

[1] *Voir la légende de saint Potentien.* — On pourra se convaincre que notre récit repose sur des traditions et des documents respectables.

traverser l'atrium, et s'avancer rapide derrière les colonnes nombreuses qui soutenaient les portiques.

Où pouvait-elle se rendre à cette heure matinale? Ils se le fussent certainement demandé, et leurs esprits se perdant en conjectures, peut-être eussent-ils été induits à croire qu'elle faisait, elle aussi, profession d'être chrétienne? Comme un éclair, cette pensée faillit traverser l'esprit de Batoris; mais la présence de la jeune fille en avait excité d'autres au cœur d'Arminius, elle venait de réveiller un de ses plus doux rêves. Lui, le confident, le favori du proconsul, ne pouvait-il pas espérer d'épouser un jour la jeune et belle romaine? Ce n'était pas en vain qu'il caressait dans sa pensée l'agréable idéal de cette union; en ce moment, ce rêve lui apparaissait comme le couronnement naturel de ses desseins.

Enfin ils sortirent, et comme ils regardaient le ciel, ils virent la lune se masquer assombrie sous un pli de nuages, ils en profitèrent pour se dérober plus facilement à tout regard;

mais l'aspect grimaçant de l'astre des nuits parut les troubler un instant et faire frissonner leurs membres. Tant le crime a honte de lui-même et de ses machinations coupables !

V

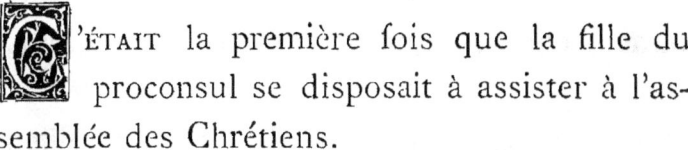'était la première fois que la fille du proconsul se disposait à assister à l'assemblée des Chrétiens.

A part quelques nuages, fantômes vagabonds, chassés par le vent et courant dans les plaines azurées du firmament, la matinée s'annonçait assez belle. Derrière les grands murs noirs de la forêt dont elle frangeait d'argent les cimes élevées, la lune, comme un artiste qui vient de maroufler un tableau splendide, semblait vouloir le retoucher encore et l'embellir de ses dernières nuances, avant de s'incliner pour disparaître à l'horizon dans son vaste linceul. Sur la rivière, à travers les rameaux tremblants des peupliers et des saules, tombaient ses rayons, formant une sorte de dentelle lumineuse, en se jouant avec les ombres dans des mouvements capricieux et fantasques. Plus près de la jeune fille, les fleurs qui n'étaient pas encore moissonnées par les gelées hâtives de la saison, dressaient leurs tiges baignées de rosée, et exhalaient mystérieusement leurs derniers parfums, confidences secrètes qu'elles font à la nuit, pareilles à une nonne silencieuse qui dit sa prière au Créateur.

Or, cette démarche de Modeste au milieu du calme et du recueillement profond de la nature, accompagnée d'une clarté magique qui dirigeait ses pas, éveillait dans son âme tendre et sensible d'indéfinissables émotions. Tout dans ce panorama en quelque sorte improvisé s'harmonisait merveilleusement avec la situation intime qui existait au fond de son cœur. La Foi, lumière douce et bienfaisante, commençait à l'éclairer elle-même de ses rayons purs et lumineux. Insensiblement sa clarté chassait les nuages de l'erreur, et dissipait les ombres épaisses répandues par les doctrines ténébreuses du culte païen, au sein desquelles elle avait, pauvre enfant ! croupi jusque-là comme perdue et ensevelie.

Hâtons-nous de le dire néanmoins, dans cette noble intelligence les mystères lubriques de l'ancienne Rome n'avaient point encore marqué leurs empreintes dégoûtantes. A peine si le spectacle de semblables cérémonies était parvenu à en effleurer l'admirable limpidité. Dieu, ce parfait amant des âmes pures, avait pris soin de garder lui-même sa future demeure. Ah ! sans doute elle avait vu, cette jeune fille, dans la maison luxueuse des patriciens, la femme païenne, bercée dans la mollesse, vivant au milieu des parfums et des roses, ornée de toutes les parures de l'Inde et des tissus précieux de Biblos ou de Laodicée, prendre cette pose fière, ce port altier, si commun aux matrones de la ville aux sept collines. Elle l'avait vue, entourée d'esclaves, portée sur une riche litière, rechercher les jeux et les spectacles, préoccupée de jouir de la vie, mais d'en jouir à la manière des païens, en s'accordant toutes les satisfactions et en ne se refusant aucun plaisir. Toutefois, sous ces dehors flatteurs et si brillants en apparence, son œil, déjà doué d'une réelle prespicacité, avait aperçu l'ennui acclimaté comme un ver rongeur; et sur les traits de son visage fier et hautain, avec l'indifférence et l'apathie, Modeste n'avait point tardé à lire, en caractères trop bien marqués, le dégout et la fatigue qu'engendre la satiété. Aussi la fille du proconsul avait-elle senti une sorte d'admiration instinctive se produire au fond de son cœur, quand naguère, il lui avait été donné d'être témoin du courage de ces vaillants martyrs, immolés dans la capitale du monde par la cruauté barbare d'un Néron[1], ou jetés en pâture aux bêtes de l'amphithéâtre pour assouvir la sanguinaire passion d'une multitude délirante, affolée de plaisirs. Fécondés par un premier souffle inspirateur de

---

[1] Encore que la tradition nous dise que Quirinus, père de Modeste, exerçât les fonctions de proconsul, d'abord au nom de l'empereur Claude, rien ne s'oppose à ce qu'il les ait continuées sous Néron, son successeur. De même, il n'y a rien de contraire à notre récit à supposer que Modeste, sa fille, ait pu séjourner à Rome plusieurs années après le départ de son père.

la grâce divine, ces sentiments quasi naturels et spontanés avaient grandi sous l'empire d'une saine réflexion. Des attraits puissants sollicitaient donc par avance sa belle âme, et la faisaient dès lors pencher comme une fleur tendre et flexible vers le radieux soleil de la vérité. Ravie de rencontrer de si heureuses dispositions, si bien d'accord avec le nom qu'elle portait, la vierge de Limonum s'empressait avec une sainte ardeur d'achever pour la religion du Christ cette précieuse conquête.

A quelque distance du palais proconsulaire les deux jeunes filles s'étaient fixé leur rendez-vous. Modeste avec ses yeux vifs, ses traits distingués, sa démarche noble et fière, sa chevelure d'ébène, était un type achevé de la race dominatrice [1]. Soline, à la stature élevée, au

---

[1] Nos artistes chartrains du Moyen-Age ont admirablement rendu la physionomie de cette jeune sainte. — Voici ce que nous lisons dans un journal catholique :
« Prenez les œuvres de l'art chétien, jetez un coup d'œil
» sur certaines représentations naïves des catacombes,
» sur les peintures des préraphaéliques, sur le couron-

maintien également simple et gracieux, aux blonds cheveux retombant en flocons épais sur ses épaules, attestait son origine gauloise. La douce amitié, ce lien des âmes vertueuses avait commencé d'unir ces deux cœurs ; ainsi dans la plaine étendue, ou, sur la lisière des forêts, deux lianes flexibles s'entrelacent fortement afin de mieux résister au choc destructeur de la tempête.

A la rencontre, elles sentirent en leur cœur les battements de la joie, et se souhaitèrent en ces termes la bienvenue :

« Que le seigneur Christ vous protège !

» nement de la Vierge de Fra Angelico, *sur la statue*
» *de sainte Modeste, qui décore un des portiques de*
» *Notre-Dame de Chartres*, sur le Piétà de Michel-
» Ange à saint Pierre de Rome, et dites s'il n'y a pas là
» des sentiments infiniment supérieurs à tout ce
» qu'Appelles ou Phidias ont jamais pu éprouver. —
» La révélation a ouvert à l'art comme à la philosophie
» des horizons nouveaux. En pénétrant dans les pro-
» fondeurs de l'âme, elle en a fait jaillir des sources
» précédemment inconnues, pour la pensée, pour le
» sentiment, pour l'expression.» (Paris, 2 novemb. 1883.)

» Chère Soline, commença Modeste. Depuis
» longtemps sans doute vous m'attendiez?
» Quelle bonté de votre part! Ah! je vous
» reconnais bien; toujours la première quand
» il s'agit de pratiquer votre belle vertu de
» charité.... »

— « Ne parlez pas ainsi, Modeste, inter-
» rompit Soline. N'était-ce pas pour moi
» simplement un devoir? Et ne me suis-je pas
» engagée à vous présenter en ce jour à notre
» saint pontife? »

— « Oui certainement, et j'en suis bien
» heureuse, car il me tarde de pouvoir
» appartenir à une religion si belle, et qui
» donne assez de courage et de force pour
» mettre en pratique des vertus si admi-
» rables. »

— « Ah! vous avez raison, chère amie,
» répondit Soline en poussant un soupir
» d'humilité profonde, la grâce de Dieu est
» puissante, infiniment puissante; des na-
» tures les plus rebelles, des sujets les plus
» infimes, « des pierres mêmes », dit le saint
» Livre, il peut susciter des enfants d'Abra-

» ham¹; mais sans l'aide de cette force d'En-
» Haut, nous ne pouvons rien, absolument
» rien². »

— « Je le répète, Soline, je serai au comble
» du bonheur, lorsque je pourrai me dire une
» enfant de votre Dieu si grand et si puissant,
» mais à la fois si bon et si miséricordieux. »

Ainsi conversaient nos deux jeunes filles, épanchant leurs cœurs en de doux entretiens sur ce qui faisait leur bonheur ou l'objet de leurs plus ardentes convoitises.

Après plusieurs circuits au milieu des rochers afin d'éviter toute rencontre malséante, elles parvinrent à l'entrée de la grotte. Sur un signe, l'*ostiarius* Solemnis³, laissa pénétrer la jeune

---

¹ Luc, III, v. 8.

² Heb., XI, v. 6.

³ On sait qu'il y eut un évêque de Chartres de ce nom. Ce fut même lui qui en 483 catéchisa Clovis, et contribua beaucoup avec saint Rémi à sa conversion. Plus tard il lui prédit, lorsqu'il passa par Chartres, pour combattre Alaric, roi des Visigoths, qu'il remporterait la victoire. Ce n'est point ce saint personnage,

païenne dans l'enceinte réservée aux catéchumènes, tandis que la vierge chrétienne alla prendre place dans un endroit plus rapproché de l'autel sacré.

En ménageant à son amie une entrée à l'assemblée des fidèles, la fille des Pictaves avait espéré qu'au sein d'une atmosphère pure et bienfaisante, des trésors de grâces et de bénédictions, tombant du ciel sur cette âme, achèveraient de la toucher et de l'attendrir ; ainsi le calice encore fermé d'une fleur naissante ouvre sa gracieuse corolle au double contact de la chaleur vivifiante du soleil et de la rosée abondante du matin. Soline ne s'était pas trompée. La jeune païenne ne put voir d'un œil indifférent ce spectacle nouveau pour elle, et cette touchante effusion des cœurs unis dans la prière, et cette docilité merveilleuse à subir les impressions de la parole sainte, et surtout

---

dont nous empruntons le nom, que nous pensons faire intervenir ici. — L'ostiarius ou portier est un des ordres mineurs, il fut en usage dès la primitive église.

cette charité si fraternelle qui n'appartient qu'aux véritables enfants de Dieu. Son émotion parut augmenter encore, lorsqu'elle entendit le pontife lui-même énumérer les avantages précieux de cette communion des âmes dans les labeurs et les souffrances, heureux soutien dans cette voie pénible de la vie, encouragement inappréciable pour chacun, et « ce n'était, » disait-il, qu'un avant-goût des joies et des » félicités de l'avenir. ».

Alors, comme à son insu, les émotions de son cœur la trahirent, et malgré elle, des larmes abondantes sillonnèrent les joues de la jeune païenne. C'est qu'en ce moment elle s'était prise à considérer ce qui se passait sous ses yeux avec ce qu'elle avait vu se pratiquer tant de fois au sein des assemblées du paganisme. D'un côté, la paix, l'union des cœurs la plus entière et la plus suave, des paroles qui apportaient avec elles force et consolation, des cérémonies graves et touchantes, partout la décence jointe à une simplicité noble et majestueuse. De l'autre, au milieu de prêtres chargés d'or, couverts de riches ornements, le bruit, la confusion et le tumulte, quand ce n'était pas l'indécence et le dévergondage; puis rien, dans le culte rendu aux divinités, qui parlât à l'âme un langage divin, qui lui révélât ses plaies pour les guérir et les cicatriser, et pardessus tout, rien qui lui montrât nettement l'avenir, et lui fît entendre le langage consolant de la douce espérance, en la rappelant à de hautes et sublimes destinées.

Modeste avait comparé; dans son âme bouleversée la lutte s'était achevée, le mur de la séparation, qui jusque-là résistait encore, était tombé, elle avait senti fondre comme un rempart de glace. La victoire désormais était décisive : une flamme brûlante s'était allumée dans son cœur et le consumait d'un feu mystérieux, c'était un désir vif et ardent d'appartenir elle-même à la sainte famille du Christ.

VI

Quelques jours s'étaient à peine écoulés, et les deux amies revenaient ensemble à la grotte sacrée : c'était fête pour leurs âmes.

En pénétrant dans l'enceinte, ils la virent parée pour une solennité : des fleurs empruntées à la prairie voisine avaient été apportées par les mains des enfants, puis des feuillages habilement disposés, des mousses pendantes se balançaient dans l'air, formaient des arches de verdure, ou semblaient comme des bannières suspendues aux parois des murailles. L'autel avait été décoré avec une profusion, un soin tout particuliers : au-dessus s'élevait un véritable trône, où l'image du Dieu crucifié se détachait aux yeux comme un diamant d'un prix inestimable. Les chrétiens de la cité avaient prodigué chacun ce qu'il avait de plus précieux ; tous ils voulaient rendre hommage au Seigneur, et tous ils avaient procédé dans ces pieux préparatifs avec une grande discrétion.

Hommes, femmes, enfants mêmes, partis de directions opposées, les uns, levés dans la nuit, avaient côtoyé les bords de la paisible Ebura, les autres arrivaient de la plaine ou des forêts voisines, là où ils avaient fixé leurs demeures, tous se joignirent à leurs frères de la cité, et tous, unis par les sentiments de l'allégresse, ils se rendaient à la grotte ; ensemble ils venaient prendre part à la joie commune en voyant l'accroissement du troupeau fidèle.

Mais de quoi s'agissait-il ?

Le prêtre Altin, les diacres Sérotin et Eodald, compagnons du saint pontife[1], ses collabora-

---

[1] Dans ces temps apostoliques « un seul évêque, sou-
» vent réduit à lui-même ou secondé d'un petit nombre
» de prêtres, administrait la cité capitale d'un vaste
» pays, et de là se répandait peu-à-peu sur tout le terri-
» toire, ou envoyait ses auxiliaires sur divers points,
» y prêchant, y baptisant, y établissant de petites égli-

teurs dans l'œuvre de la prédication évangélique, avaient conduit vers lui leurs nouveaux convertis, et tous, néophytes de la cité ou des campagnes environnantes, ils venaient en la solennité qui avait été choisie, se présenter au pasteur, chef du troupeau, et solliciter de son ministère si plein de bienveillance le sacrement de la régénération avec l'inscription de leurs noms sur les diptyques sacrés de l'Eglise de Jésus-Christ.

L'empressement de ces chrétiens futurs était unanime, unanimes aussi leur foi et leur ardeur. Jusque-là, versés dans les superstitions du paganisme, ils ressemblaient à des navires errants sur l'Océan du monde, sans espoir de rencontrer jamais le port. La vie leur paraissait un affreux problème, une énigme, quelque chose d'incompréhensible ou d'incomplet, comme si une belle matinée de Juin, avec ses chansons et son soleil, s'arrêtait soudain dans

---

» ses, qu'on doit regarder comme le premier type des
» paroisses. » (L'abbé Auber, *Mémoires de la Société des Antiquaires de l'Ouest*, t. XXX, p. 465.)

le ciel, et s'évanouissait lentement, sans aller à son Occident qui est son terme naturel. Ainsi l'homme, fait pour Dieu, se trouve dévoyé, quand sa marche n'est pas éclairée par le phare lumineux de la vérité ; ainsi tristes et sombres lui apparaissent ses jours, quand à l'horizon de l'âme ne vient pas poindre la lumière lui montrant l'avenir de ses destinées immortelles.

Cependant, vers la partie inférieure de la grotte sacrée était préparée la sainte piscine où les nouveaux convertis devaient puiser une seconde vie, une vie plus précieuse que l'existence passagère et terrestre. Les diacres l'avaient emplie d'une eau limpide, naguère bénite à la dernière Pâque par les prières du saint pontife. Tout auprès, rangés en cercle, se tenaient les catéchumènes. Instruits des mystères et des vérités de la religion de Jésus-Christ, ils récitent tous ensemble avec leurs parrains et leurs marraines le *Symbole* et le *Pater,* et portent en leurs mains la robe immaculée dont ils seront bientôt revêtus par le ministre sacré au sortir de l'onde régénératrice.

Modeste est là, debout, au nombre des aspirantes; non loin d'elle, légèrement en arrière, se tient Soline; c'est elle qui a été chargée d'instruire la fille du proconsul, c'est elle qui la présente à la réception du sacrement.

Soudain la jeune Romaine tressaille quand le pontife lui adresse ces paroles:

« Renoncez-vous à Satan et à ses œuvres
» qui sont des œuvres de ténèbres? Abjurez-
» vous pour jamais son culte, ses pompes et
» ses cérémonies? »

— « J'y renonce, dit-elle d'une voix ferme,
» et je les abjure pour jamais? »

— « Croyez-vous en un seul Dieu, Créateur
» de cet univers et du genre humain; en
» son Fils, le Christ Jésus, rédempteur du
» monde et mort sur une croix pour le salut
» de tous; en un Esprit saint et sanctificateur
» des âmes? »

— « J'y crois » répondit Modeste.

— « Recevez, reprit le pontife, recevez la
» croix de Jésus-Chist, portez-la imprimée
» sur votre cœur, afin que vous connaissiez

» les choses de Dieu, que vous écoutiez ses
» préceptes, que vous exhaliez la bonne
» odeur de Jésus-Christ. Recevez le joug du
» Seigneur, et qu'il vous obtienne une vie
» immortelle et bienheureuse !¹ »

— « Fiat ! dit la jeune fille, oui, qu'il en soit ainsi ! »

En même temps, le pontife saint, marquant la jeune néophyte du sceau des enfants de Dieu, commande au démon de reconnaître la sentence qui l'a maudit, de se retirer de celle que

---

¹ Nous n'avons pas l'intention de rendre ici mot pour mot toutes les paroles de la liturgie ni d'en retracer toutes les cérémonies. Quelques-unes sans doute ont été introduites dans le cours des siècles; néanmoins, au rapport de saint Basile, la plupart sont de tradition apostolique : « ... Ce n'est que par la tradition (des apôtres),
» dit-il, que nous avons appris les cérémonies qui
» s'observent dans le baptême; par exemple, de
» renoncer à Satan et à ses anges, sans parler des
» autres. Il en est de même de la profession de foi
» par laquelle nous protestons que nous croyons
» au Père, au Fils et au Saint Esprit. etc .. »
(Lib. de Spiritu sancto, c. 27).

Dieu daigne appeler à la grâce du baptême, et de ne jamais violer le signe sacré de la croix qu'il lui imprime sur le front. Il lui intime cet ordre de la part de Celui qui viendra juger les vivants et les morts, et détruire ce monde par le feu.

Puis il continue en invoquant le Dieu du ciel, de la terre, des anges, des archanges, des patriarches, des prophètes, des apôtres, des martyrs, de tous les justes, que toute langue glorifie, devant qui tout genou fléchit, dans le Ciel, sur la terre, et dans les enfers; il le prie de protéger sa servante et de la faire parvenir à la grâce du saint baptême.

Enfin, après avoir derechef menacé Satan des peines, des tourments préparés à lui et à ses anges, et du dernier jour qui lui ôtera tout pouvoir et l'y précipitera pour l'éternité, le pontife demanda :

« Que venez-vous chercher dans l'Église » de Dieu ? Que voulez-vous ? »

— « Le saint baptême ! » répondit-elle.

Soudain Modeste sentit couler sur son front

l'onde pure de la régénération. Tendre brebis, désormais elle allait appartenir à la bergerie du divin Pasteur. De nouveau le pontife la marqua du signe de la croix avec la liqueur sacrée afin de l'unir à Jésus-Christ, comme les membres sont unis à leur chef. Il la revêtit de même de la blanche parure des enfants de Dieu, et lui plaçant entre les mains un cierge allumé, il ajouta :

« Marchez toujours dans la voie de la justice
» et de la vérité, cherchez ce qui est agréable
» à Dieu, et fuyez les péchés qui sont des œu-
» vres de ténèbres. Allez, que votre charité
» brille aux yeux de tous et ne s'éteigne
» jamais ! »

Les fidèles de l'Église naissante accordèrent alors le baiser de la paix aux nouveaux baptisés; c'était le signe de l'union qui doit régner entre des frères. L'abîme avait été franchi, désormais rien ne les séparait, tous ne devaient-ils pas un jour avoir part à l'héritage céleste ?

« Allez en paix, dit encore le pontife, et
» maintenant, comme des enfants nouvelle-

» ment nés, désirez ardemment le lait spirituel
» et tout pur, afin qu'il vous fasse croître
» pour le salut.[1] »

La cérémonie était achevée, les fidèles reprirent successivement le chemin de leurs demeures, en bénissant Dieu du fond de leurs âmes des faveurs nouvelles qu'il se plaisait à répandre sur la cité Carnute.

L'allégresse la plus grande inondait le cœur des deux jeunes filles, de Modeste ainsi que de sa compagne; et la joie, malgré leurs efforts pour la contenir, débordait jusque sur leurs traits enflammés des doux reflets de la grâce divine. L'aurore, à son apparition dans la saison du printemps, n'est pas plus belle et plus resplendissante que n'est une âme transfigurée

---

[1] « Quasi modo geniti infantes, rationabile, sine « dolo lac concupiscite, ut in eo crescatis in salutem. » (Saint Pierre, II, v. 2.) — Tertullien dit qu'on donnait du lait et du miel aux catéchumènes avant de les baptiser, symbole de leur renaissance en Jésus-Christ, et de leur enfance dans la foi. — (*Encyclopédie catholique*, t. V, p. 750.)

par les purs rayons de ce soleil intérieur qui réjouit en venant du Ciel.

Absorbées par le bonheur présent, nos deux jeunes filles étaient tout entières plongées dans une sorte de ravissement et d'extase. Parfois elles se livraient aux plus aimables et aux plus douces confidences, parfois, des paroles brûlantes et de vives exclamations s'échappant de leur cœur, elles bénissaient l'Auteur de tout don parfait, invitant le ciel et la terre, toutes les créatures réunies dans un même concert, à publier ses immenses bienfaits et à se faire les interprètes de leur profonde gratitude.

VII

On était sur le point de se trouver en automne. La saison était revenue, où les nuits deviennent plus longues et plus froides, où le soleil, faisant retraite, entre dans la constellation du Scorpion. Des oiseaux de passage filaient dans l'air alourdi, quittant les baies gelées et les plages désertes du Nord pour les rivages moins inclements de l'Armorique ou des îles de l'Océan. Déjà, sous le souffle impétueux des vents, les grands arbres de la forêt se combattaient entre eux; vous eussiez dit toutes les divinités du Walhalla[1], irritées des progrès

---

[1] Les Gaulois appelaient ainsi leur paradis, séjour moitié mystique moitié sensuel, où les guerriers retrouvaient leurs amis, leurs chars, leurs chevaux, se livraient de joyeux combats, et buvaient un céleste hydromel dans le crâne de leurs ennemis. (*Histoire de France*, par Amédée Gabourd, t. I, p. 36.)

de la religion nouvelle, ou l'indomptable Hésus, à la tête de ses cohortes, allumant la guerre dans les régions aériennes, excitant les divinités de la Gaule à la vengeance pour repousser les envahissements de l'étranger.

Dans les jours plus calmes, d'énormes bûchers se dressaient devant les grottes qu'elles illuminaient de leurs feux à l'entrée de la nuit. Ardentes, excitées, les flammes tourbillonnaient en mugissant. A quelque distance, la montagne apparaissait comme enveloppée dans un manteau de feu, et le fleuve réfléchissait dans ses ondes toutes ces lueurs, pareilles à celles d'un vaste incendie. Rangés alors autour de ces foyers improvisés, les enfants demi-vêtus en considéraient avec attention les jets bizarres. Ils éclataient de joie aux pétillements inattendus des tisons, ou bien, par leurs mouvements capricieux, provoquaient eux-mêmes la lumière des foyers à retracer sur les parois des rochers les figures les plus monstrueuses, à exécuter les pantomimes les plus singulières. Pendant ce temps, la femme gauloise préparait grossièrement les aliments du soir, et le chasseur aiguisait d'autres flèches pour les conquêtes du lendemain.

Les Chrétiens s'étaient bercés peut-être de l'espoir que leurs saintes réunions avaient échappé aux regards et aux investigations de leurs ennemis; ils s'étaient trompés. Tandis que la cité Carnute reposait dans un calme apparent, la tempête grondait au fond des antres, où fréquemment s'assemblaient les partisans de l'infernale conjuration. Des Druides, irrités d'avoir vu s'amoindrir par l'effet de la conquête l'empire qu'ils avaient si longtemps possédé sur les âmes, plus irrités encore de se voir chaque jour disputer les restes de leur influence par les apôtres de la religion nouvelle, puis, des prêtres païens, des aruspices, envoyés de Rome[1],

---

[1] Des monuments récemment découverts prouvent que des sacrificateurs païens furent envoyés dans les Gaules aux premiers temps de la conquête romaine. Ainsi la tombe d'un aruspice, nommé Sabinus, trouvée à Poitiers, et dont l'inscription paraît se rapporter à la fin du second siècle de notre ère. (*Mémoires de la Société des Antiquaires de l'Ouest*, t. VIII, p. 125).

pour implanter au milieu des nations conquises les divinités dont les vains simulacres peuplaient le Capitole, tous enfin s'étaient réunis dans une même haine, tous avaient juré une même guerre, une guerre acharnée, aux sectateurs du Dieu de l'Orient. Cent fois d'ailleurs l'Enfer avait été consulté au milieu des orgies les plus hideuses et des sacrifices les plus abominables, et cent fois par l'organe de ses suppôts, l'Enfer avait répondu :

« Guerre à Dieu ! Guerre à son Christ ! » Guerre à ses sectateurs ! »

Même une fois cet arrêt infernal fut accompagné des paroles suivantes :

» La plante funeste née en Judée doit être
» étouffée dans des flots de sang, avant qu'elle
» parvienne à croissance et qu'elle ait atteint
» quelque vigueur. Il faut faire en sorte qu'elle
» soit arrachée et détruite, dût-on y porter le
» fer et le feu !... [1] »

---

[1] Aujourd'hui les sectes enrôlées par l'enfer ont changé de paroles et de moyens, mais leurs projets sont les mêmes. Dans le milieu de l'année 1847, Ricciardi, un des leurs, écrivait : « La plante funeste

L'Enfer prenait son rôle dans la lutte qu'il avait jurée contre Dieu et contre son Christ. Et comme Satan ne pouvait atteindre Dieu lui-même, ce Dieu trois fois puissant et trois fois terrible, qui l'avait précipité dans les gouffres immenses de flammes inextinguibles, Satan avait tourné sa rage contre celui qui fut appelé « l'Homme des douleurs[1] »; mais là encore il avait été terrassé, vaincu; la Mort elle-même avait proclamé sa défaite, la Mort avait fourni des armes à la victoire du Triomphateur. Qu'allait-il donc faire cet ennemi irréconciliable de tout bien? Continuer la lutte... Oui, continuer la lutte sinon contre Dieu, du moins contre son œuvre, la sainte Eglise. N'avait-il pas un Néron pour le seconder dans cette entreprise? Et n'aurait-il pas dans le cours des

---

» née en Judée n'est arrivée à ce haut point de crois-
» sance et de vigueur, que parce qu'elle fut abreuvée de
» flots de sang. Si vous désirez qu'une erreur prenne
» racine parmi les hommes, mettez-y le fer et le feu!!!
» Voulez-vous qu'elle tombe? faites en l'objet de vos
» moqueries. »

[1] Isaie, LIII, v. 3.

siècles toute une cohue de tyrans, de sacrilèges, de blasphémateurs, d'hommes perdus de vices? Satan s'est donc jeté sur l'Église et sur ses fidèles: mais l'Eglise a « les paroles de la vie éternelle [1], » et les fidèles, s'ils ont perdu la vie présente par milliers, par milliers aussi ils ont conquis la vie de l'heureuse immortalité.

Le signal fut donné, la chasse fut ouverte, une chasse sans trêve ni merci. Pareils à l'animal carnassier qui épie sa proie dans la profondeur des forêts, les complices se mirent en quête, ils préparèrent leurs embûches, ils firent tous leurs efforts pour arriver à l'exécution de leurs sanguinaires desseins. Mais comment procéder à l'attaque? Après mûre délibération, un seul plan fut jugé capable d'obtenir quelque chance de succès : en conséquence il fut adopté sans conteste. Irriter le proconsul, le pousser à bout, l'engager résolument dans la voie de la persécution, tel était le moyen le plus sûr, celui qui présentait le moins de périls, et qui obtiendrait à la fois les meilleurs résultats.

---

[1] (Saint Jean, VI, v. 69).

Deux hommes furent chargés d'en poursuivre l'exécution, nous les connaissons, déjà nous les avons surpris méditant leurs criminelles entreprises, il convient d'en livrer de nouveau les noms à l'exécration : l'un s'appelait Arminius, l'autre, Batoris. Tous deux occupaient un emploi au palais du gouverneur, tous deux jouissaient de quelque influence auprès de lui. Le premier, caractère faux, souple, ambitieux, doué d'intelligence, mais une intelligence servie par le génie du mal, était arrivé par ses flatteries, et parfois ses bassesses, à se créer une situation assez importante auprès du proconsul; il se trouvait l'un de ses favoris et de ses conseillers les plus intimes. Le second, Batoris, était gaulois, mais un gaulois traître à sa patrie. En effet, la trahison ne lui coûtait guère, il avait été druide, puis tout récemment il avait simulé l'intention de se convertir au Christianisme, mais toujours il avait trompé, toujours il avait menti, essayant partout de faire des dupes et se dupant lui-même le premier. Par quel hasard se trouvait-il faire partie de l'entourage de Quirinus? Nul ne savait le dire. Apparemment il avait été accueilli comme un de ces instruments que l'on aime à rencontrer dans des occasions risquées, difficiles, car il ne manquait pas d'un certain courage, et surtout il avait un bras de fer.

Tels étaient les deux émissaires chargés d'allumer contre les fidèles de la cité Carnute le feu de la persécution. A la veille de mettre à exécution leurs criminels desseins, ils étaient l'un et l'autre possédés d'un violent désir d'en connaître par avance les résultats. Le crime, à peine conçu, a honte de lui-même, il produit toujours le trouble et l'anxiété. De plus, ils appréhendaient la puissance des Chrétiens. Ceux-ci n'avaient-ils pas déjà accompli plusieurs prodiges? Et la jeune Soline elle-même passait pour avoir opéré de nombreux miracles, préludant ainsi à la vertu merveilleuse dont jouirent dans la suite ses reliques vénérées. Les deux complices avaient donc besoin, pour exciter leur audace, de voir avec l'appât de l'or briller l'espérance du succès. Pleins de confiance dans les sortiléges de leurs magiciennes, ils partirent et allèrent consulter la plus habile sorcière de la montagne des Lieues.

Arrivés près de l'antre dont elle avait fait sa demeure, ils frappèrent un certain nombre de coups, l'écho bruyant les répéta aussitôt, et l'entrée devint libre.

« Guttha, lui dirent-ils, sitôt qu'ils furent en
» sa présence, tu sais nos projets, ils ont
» été arrêtés à la grande assemblée tenue à la
» sixième lune, nous te demandons d'inter-
» roger les divinités pour nous en révéler l'is-
» sue. »

— « Je comprends, vaillant soldats, reprit
» la sorcière, sur le point d'engager le combat,
» vous tremblez... »

— « Guttha, reprit le fougueux Batoris,
» piqué au vif par cette parole, songe à qui tu
» t'adresses en ce moment. »

— « Allons, signor Batour, pas de colère !
» Guttha la sorcière est prête à exécuter vos
» volontés, mais à quel prix, s'il vous
» plaît ? »

— « Sois tranquille, reprit Arminius, tu

» auras ta part du butin, hâte-toi seulement
» de faire droit à nos désirs. »

— « Sur votre parole, mes seigneurs, je
» consens à interroger les oracles, laissez-moi
» seulement le temps des préparatifs. »

Et, ce disant, la sorcière commença des libations en l'honneur de ses dieux. Puis, allumant un brasier, elle traça des signes nombreux, répandit sur le feu le contenu d'une sorte de fiole pleine d'une liqueur singulièrement inflammable. Au même instant, une fumée épaisse remplit toute la caverne, pendant qu'un bruissement sonore se fit entendre, semblable au bruit produit par la source voisine quand il lui arrivait de se soulever en bouillonnant et en agitant ses ondes. Alors la sorcière oignit ses tempes, le sommet de sa tête, l'index de la main gauche, et l'extrémité du coude, d'une sorte de pommade composée avec la cendre du crapeau hideux et de l'horrible vipère, et continua quelque temps ses lugubres incantations. Soudain on la vit s'agiter avec des contorsions étranges, effrayantes ; ses yeux étaient hagards, ses cheveux se dressèrent sur sa tête, de ses tempes gonflées parurent couler de larges gouttes d'une sueur brûlante, et ses lèvres agitées laissèrent tomber les paroles suivantes :

« Je vois, dit-elle, un large puits rempli de
» cadavres. Le glaive s'est baigné dans le
» sang !... »

Puis, un frisson l'ayant saisie, elle reprit avec une expression de joie féroce :
« Quirinus ! Quirinus !... »

Là encore elle s'arrêta. Enfin, faisant effort pour achever sa pensée :

« Tombé, dit-elle, mort..., peuple court et
« s'agite... »

Que signifiaient ces derniers mots? Les deux complices ne purent le savoir, car il fut impossible d'en dire davantage ; la terrible vision ayant cessé de paraître à ses regards. Ils sortirent de l'antre, laissant la vieille Guttha reprendre possession de ses sens. Mais ils ne doutaient pas que les quelques paroles prononcées ne leur fussent favorables.

Cependant la nouvelle des supplices, qui

avaient été édictés contre les apôtres Pierre et Paul et leurs disciples dans la Capitale du monde, s'était répandue dans toutes les provinces du vaste empire : une seule chose avait arrêté l'exécution des édits impériaux dans les contrées plus récemment soumises, la crainte de quelque soulèvement. Peut-être aussi répugnait-il à certains proconsuls éloignés de se baigner inutilement et comme à plaisir dans des flots de sang humain ? Il semblait odieux à plus d'un administrateur de se modeler à l'image d'un Néron assassin et persécuteur.

Quirinus sans doute eût été de ce nombre. Encore que le gouverneur, en raison de ses fonctions et de sa charge, se crût obligé à une certaine sévérité à l'égard des peuples soumis depuis peu de temps à la puissance romaine, dans son cœur restaient assez de sentiments d'humanité pour ne pas se faire un jeu cruel de sacrifier la vie de ses semblables, et il eût hésité à appliquer dans leur féroce barbarie les décrets sanguinaires du monstre couronné. Mais d'un côté, une réelle faiblesse de caractère, de l'autre, cette sorte de diplomatie qui trop souvent dans ces temps déjà mûrs pour la décadence, faisai[...] du fonctionnaire de l'empire, de l'homme du [...] gouvernement un homme à part, sacrifiant tou[...] pour conserver sa charge, et par conséquen[...] un homme sans conviction, sans principes, san[...] caractère, tout cela joint à la pression que le[...] sectaires avaient entrepris d'exercer sur lui, au[...] embûches dont ils avaient juré de l'entourer[...] aux conspirations qu'ils avaient ourdies dan[...] leurs repaires ténébreux, ne tarda pas à [...] l'égarer à son insu, puis à l'irriter, et, en l'irri[...] tant, à le jeter dans une voie qui lui répugnait[...] et à laquelle néanmoins il se croyait faussemen[...] contraint d'aboutir.

Que les grands de la terre sont à plaindre [...] Ils ont en main la puissance, et sans qu'ils dai[...] gnent ouvrir les yeux, le mensonge et la flat[...] terie sont toujours aux aguets pour les pousser[...] de faute en faute, de faiblesse en faiblesse. Ils [...] sont rares ceux qui dans les honneurs jouissent[...] de toute leur énergie, et savent ne pas se [...] dégrader en s'abaissant jusqu'à passer sous les [...] fourches caudines de l'arbitraire et du despo[...] tisme.

Le proconsul ne fut donc pas assez habile pour démêler la trame de ces intrigues. Tandis que le fourbe Arminius l'irritait sans cesse en lui narrant de prétendus complots et des attentats imaginaires contre l'autorité de l'empereur, le second, Batoris, rôdant par la ville, s'était enquis des demeures des Chrétiens. Il se préparait à jouer le rôle d'exterminateur, en mettant à sac chacune des habitations de la cité signalées à sa vindicte et à sa barbarie. Pour satisfaire sa cupidité, il se promettait de se faire le pourvoyeur des bourreaux en traînant au supplice, pour les spolier, les chrétiens qui semblaient jouir de quelque reste de leur ancienne opulence. Le tigre, si cruel qu'il puisse être, ne saurait puiser dans ses instincts, de ces calculs et de ces raffinements, qui font de l'homme esclave de passions barbares un être bien inférieur à la brute des forêts les plus mal hantées et les plus sauvages.

VIII

Débarrassée des liens pesants de la servitude du paganisme, Modeste, déjà si grave et si réfléchie, avait paru comme transformée par l'effet du bain salutaire dans lequel elle avait été régénérée par le sacrement sanctificateur. Elle marchait simple et digne, tournant le dos à l'abîme d'où elle avait été tirée. Une joie suave, quelque chose de mystérieux et de céleste l'animait tout entière, et chaque jour, s'avançant vers l'idéal d'une perfection sublime, elle paraissait diriger ses pas vers les degrés d'un temple, où s'immolaient sans aucun doute des victimes telles que l'orgueil, l'amour-propre, et d'autres passions issues d'une nature corrompue. A leur place croissaient soigneusement cultivées dans un parterre délicieux les vertus les plus rares aux parfums les plus suaves.

Elle ne daignait plus se mêler aux fêtes bruyantes et aux réjouissances mondaines ; non, sa mission plus chère, plus délicate, était de garder à vue dans le sanctuaire de son intérieur les plus précieux de tous les biens : la paix, la douceur, la charité, la joie sûre et tranquille qu'elle y faisait briller comme un rayon manifeste de la bénédiction divine. On ne découvrait point sur elle ces fines broderies ou ces ornements recherchés, ces pierreries, ni aucun de ces bijoux de prix, dont les dames romaines étaient si prodigues ; ses vêtements ne provoquaient point les regards, et n'allaient pas mendier servilement l'attention ; mais tout en elle respirait la modestie, la grâce et la simplicité la plus exquise : elle ne se distinguait que par le charme et l'ascendant de sa vertu. En un mot, il s'était opéré en elle une transformation merveilleuse qui eût pu la rendre comparable au soleil à son lever, lequel, d'abord, s'annonce par de purs et imperceptibles reflets, puis, avec une discrétion bien gardée, semble ménager ses rayons pour réjouir et illuminer la terre.

Pareillement la vierge Soline marchait chaque

jour avec une simplicité ravissante dans la pratique de la vertu la plus sublime. C'était merveille de la voir amasser des trésors de grâces et de mérites. La charité, l'abnégation de soi-même, le dévouement aux autres, telle était la leçon qu'une vie d'épreuves lui avait apprise. Aux yeux de tous, elle semblait une lampe brillante de la cité céleste, dispensant la lumière aux mortels, et les guidant vers les splendides horizons de mœurs tout angéliques.

Ainsi, de plus en plus travaillaient ces deux âmes sur un plan et des données admirables. Mais, en faisant passer sous les yeux ces deux portraits si beaux, si édifiants, en essayant d'en esquisser les traits principaux et les contours, avouons que la plume est impuissante à rendre des nuances si délicates et des tons si harmonieux. Béni soit donc le Christ Notre-Seigneur, qui avait daigné appeler à lui ces jeunes vierges et les arracher aux souillures hideuses du paganisme !

Soline et Modeste se trouvaient un jour

plongées dans leurs pieux sentiments et nourrissaient en elles-mêmes de célestes pensers, quand tout-à-coup, sur le chemin qu'elles parcouraient, deux colombes, poursuivies par un vautour, vinrent s'abattre à leurs pieds. Timides, effrayées, les pauvrettes sollicitaient leur protection contre la menace de l'oiseau aux serres cruelles. Les jeunes filles ne purent s'empêcher d'être émues ; la pitié était si naturelle à leur cœur ! Elles sauvèrent de la mort les deux chétives créatures. Mais ce simple incident frappa Soline, elle crut y voir un avertissement du Ciel.

« Ainsi, se disait-elle, et le temps n'en est
» peut-être pas éloigné, ainsi les timides co-
» lombes du Christ seront pourchassées par
» les vautours de l'enfer, ainsi fondront avec
» rage sur ses innocentes brebis des loups
» cruels et dévorants. »

Et elle se hâta de communiquer ses craintes à sa jeune amie. Modeste, à son tour, lui confia que la colère du proconsul contre les chrétiens, croissait de jour en jour, que même, son exaspération ne connaissant plus de bornes, il ne tenait à rien qu'elle n'éclatât bientôt en persécutions et en sévices.

Sur le point d'être frappé, le troupeau se tenait à l'éveil. Les fidèles s'exhortaient réciproquement à braver les supplices, à affronter sans pâlir les persécutions et la mort. Bientôt la voix du pontife lut dans le saint livre ces paroles tombées des lèvres mêmes du Sauveur :
« Je ne suis point venu apporter la paix, mais » le glaive... Celui qui aime quelqu'un plus » que moi... celui-là n'est pas digne de moi...[1] »

A partir de ce jour, les victimes se tinrent prêtes pour le sacrifice.

Soline avait fui son pays, abandonné ses parents, renoncé à tout pour s'attacher à Jésus-Christ, il ne lui restait plus qu'à donner sa vie pour celui qu'elle aimait de toutes les puissances de son âme, et à conquérir la palme céleste dans un suprême combat. Toutefois, il était un double vœu qu'elle souhaitait ardemment de

---

[1] S. Mat., X, v. 34-37.

voir se réaliser. En demeurant fixé au fond de son cœur, il obsédait ses pensées et pressait fréquemment les ardeurs de sa charité. D'une part, elle eût aimé dans son triomphe à n'être pas séparée de sa jeune compagne ; de l'autre, par l'intermédiaire de la Vierge bénie, Dame de la cité Carnute, elle priait Dieu de dessiller les yeux de la grande prêtresse, d'ouvrir à Velléda par le sacrement divin de la régénération l'unique voie du salut, et de lui accorder de remporter sur le plus grand ennemi des hommes la plus belle des victoires.

» Chère amie, dit-elle à Modeste, un jour
» que, nourrissant plus fortement en son cœur
» la première de ses espérances, elle contem-
» plait le ciel d'un regard d'ardente convoitise,
» chère amie, ne vous semble-t-il pas, comme à
» moi, que bientôt cette terre va manquer à
» nos pieds ? Le pontife du Seigneur ne nous
» l'a-t-il pas fait entendre ? Oui, le glaive affamé
» va égorger les victimes sur l'autel du sacri-
» fice, le Christ bien-aimé nous convie et nous
» appelle, tenons-nous prêtes à marcher au-

» devant de l'Époux, et prions-le de nous
» réunir bientôt dans ses éternels tabernacles ! »

« Amen ! » répondit Modeste.

Puis, après un court instant, elle ajouta :

« Et moi aussi, tout indigne que je suis,
» j'espère, avec le secours divin, que je ne serai
» point dédaignée pour le sacrifice. Oui, mon
» sang sera également répandu, doive celui de
» qui, après Dieu, je tiens cette vie terrestre,
» me la ravir de sa propre main, et m'ouvrir
» lui-même la porte du Ciel ! »

Soline entendit ces paroles avec bonheur, il lui sembla par avance que la première de ses prières avait sitôt monté vers le cœur de Dieu et venait d'être exaucée. En ce moment, doux comme une aile d'oiseau qui s'abat, le calme vint tomber sur son âme.

Alors les deux amies se séparèrent, en se souhaitant l'une à l'autre de ne pas faillir au grand « rendez-vous » de l'autre vie.

Et le soir, quand, silencieusement, dans les immenses plaines du ciel, fleurissaient une à une les belles étoiles, ces « ne m'oubliez pas » des Anges, leur cœur à toutes deux s'emplirent de pensées d'amour ; mais, en même temps, elles ne purent s'empêcher de sentir encore s'y glisser une secrète, une subtile sensation de crainte et de terreur indéfinissables, c'était le cri de la nature ; ainsi le froid, le venimeux serpent se glisse au nid de l'hirondelle. Cette crainte était de la terre ; mais elles prièrent, et la prière rasséréna leur âme ; un souffle, venu de la région des esprits, dissipa tout fantôme. Elles s'endormirent avec la résolution de se préparer au grand combat.

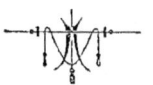

IX

La persécution ne tarda pas à sévir.

Des voix sourdes, mystérieuses, d'abord lointaines, confuses, comme celles de la rafale qui agite les vagues au bord de l'Océan et les fait clapoter avec une violence de plus en plus bruyante, ou comme les mugissements du vent à travers la forêt, qui peu-à-peu s'étendent, se croisent, se combattent avec de longs râlements ou parfois des sifflements aigus, ainsi s'annoncèrent les approches de la tempête qui allait fondre furieuse sur les fidèles de la naissante Eglise.

Quelques soleils s'étaient à peine levés et couchés sur la cité des Antres, que l'édit sanglant fut promulgué au son bruyant du tympanon romain. Un sentiment de stupeur et d'angoisse s'empara de tous les cœurs, singulier pressentiment d'un malheur invisible et qu'on ne saurait définir. Au bruit du sabot d'un cheval sur les prairies, bien longtemps d'avance, les feuilles de la sensitive, dit-on, se resserrent et se ferment; ainsi parfois, le cœur plein de sombres présages de malheur se resserre et se ferme, bien avant que le coup l'ait frappé. Dans la vieille cité, tous s'agitèrent; le vieux gaulois se leva soudain, et, blême de colère, il s'écria :

« Malheur à nos enfants! Malheur à nous! »

L'arrêt, en effet, était tel qu'on pouvait l'attendre de ceux qui l'avaient inspiré, c'est-à-dire cruel, impitoyable. Le fourbe Arminius en réclama pour lui l'exécution, et s'empressa d'informer son complice, qu'il eût à ouvrir incontinent une chasse sans trêve ni merci contre les sectateurs du Dieu de l'Orient.

Mais les orages de la terre n'ont pas la puissance de terrifier tous les cœurs.

Fidèle à la loi de la prière, Modeste n'en continua pas moins, avant même la première aube, à s'esquiver chaque matin du palais de son père. Semblable au fantôme qui glisse dans l'ombre, la jeune fille, d'un pas rapide et léger, parcourait les longs portiques du péristyle et de l'atrium. Le silence et la solitude pour l'ordinaire étaient seuls confidents et témoins de ses pas. Une fois néanmoins, sur son passage, elle crut entendre des bruits bientôt dissimulés, puis, deux formes humaines dressées le long des parois de la muraille, à peine masquées par un angle, et s'effaçant dans les profondeurs d'une obscurité encore épaisse. Cette vision lui fit froid, elle lui sembla comme une apparition de l'enfer. Mais, si la jeune chrétienne eût été moins éloignée, elle eût pu surprendre le colloque suivant, échangé à mi-voix:

« Où peut donc se rendre à cette heure in-
» commode la fille du proconsul ? Serait-elle
» par hasard l'associée de quelque druidesse
» de la sombre montagne des Lieues ? Ou
» plutôt, ne se rendrait-elle pas aux assemblées
» mystérieuses des chrétiens ? Nous le saurons
» bientôt... »

De son côté, non moins assidue, la vierge de

Limonum, abandonnant sa simple et modeste cellule, avait hâté ses pas afin de rejoindre son amie. Elle voulait lui faire part d'une douce vision qu'elle avait eue pendant la nuit.

Au-dessus de sa tête se déployait vaste et haute la coupole d'un arbre vert, semblable aux cèdres du Liban; de ses grands bras mobiles les chèvrefeuilles et les lianes flexibles laissaient pendre leurs échelles de cordes pareilles à l'échelle mystérieuse du patriarche Jacob : des Anges, comme des oiseaux au vol preste qui voletaient de fleur en fleur, montaient et descendaient ces échelons flottants....

« Déjà, dit-elle, il me semblait que nous
» avions ensemble conquis la couronne du
» martyre, nous avions nous-mêmes dépouillé
» notre chair mortelle, et portées par quatre
» Anges dont les mains ne nous touchaient
» pas, nous avancions au sein de régions de
» plus en plus éblouissantes. Telle était la
» facilité de notre marche que nous paraissions
» gravir une douce colline. Bientôt nous nous
» trouvâmes inondées de véritables flots de

» lumière : — Soline, me dit une voix, voici
» ce que le Seigneur vous a promis, vous allez
» recevoir l'effet de sa promesse... »

« Puis, des espaces immenses se déroulè-
» rent à nos yeux, là se présentaient de ma-
» gnifiques pelouses, des jardins splendides,
» des bosquets ravissants, d'où s'échappait
» une pluie de fleurs, qui tombait sans discon-
» tinuer au doux contact du souffle caressant
» des zéphyrs. Des Anges plus brillants que les
» premiers étaient préposés à la garde de cet
» endroit délicieux : — Les voici ! les voici !
» — s'écrièrent-ils, et ils s'empressèrent de
» nous accueillir avec honneur. »

« Dès lors, franchissant l'espace par une voie
» large et spacieuse, nous fûmes conduites près
» d'un palais éblouissant, dont les murailles
» semblaient de pure lumière. Vêtues de tuni-
» ques éclatantes de blancheur, nous franchî-
» mes l'entrée de ce palais, et dans les concerts
» d'une harmonie sublime, nous entendîmes
» retentir ces paroles : — Saint ! saint ! saint !
» Trois fois saint est le Seigneur ! — »

« Un majestueux vieillard, à la chevelure

» blanche comme la neige, mais dont les traits
» étaient empreints de toute la vigueur de la
» jeunesse, nous apparut assis sur un trône
» éclatant. Près de lui se tenaient vingt-quatre
» vieillards, et une multitude d'autres person-
» nages non moins admirables. »

« Grand était notre étonnement. Debout
» devant son trône, nous l'avions déjà salué,
» quand des Anges nous soulevèrent, et lui,
» le majestueux vieillard, nous accueillit par
» un baiser, et sa main nous adressa une douce
» caresse. »

« Sitôt les vieillards s'adressèrent à nous : —
» Allez, dirent-ils, et reposez-vous au sein du
» bonheur, goûtez aux suaves jouissances de
» l'allégresse. »

« Et j'ajoutai en me parlant à moi-même :
» — Soline, réjouis-toi, tu es au comble de
» tes désirs. — Et en même temps nous étions
» nourries de parfums inénarrables[1]. »

---

[1] Cette vision, remplie de détails merveilleux, est une réminiscence empruntée aux actes du martyre de sainte Perpétue et sainte Félicité. — « Tout cela, dit

« Deo gratias ! » répondit alors Modeste.

« Si maintenant, continua-t-elle, dans cette
» chair périssable nous éprouvons déjà tant de
» joie à servir le Seigneur, quelle ne sera pas
» un jour notre félicité dans la bienheureuse
» vie de l'éternité ! »

Or, cette vision emplit leur cœur d'amour. L'aurore d'un Ciel, qui allait s'ouvrir pour elles, illuminait leurs âmes ensommeillées de toute la gloire des régions célestes. Ravies se trouvaient donc nos deux jeunes chrétiennes dans les enivrements béatifiques de la contemplation divine. Victimes prédestinées au sacrifice, elles s'immolaient chaque jour par la pensée

---

un auteur, respire la grâce poétique du christianisme; sainte littérature, semblable aux parfums inénarrables dont il est parlé, et dont les justes sont nourris. » — Il est facile de voir que le but de ces visions miraculeuses était d'encourager et de consoler les saints martyrs. A ce trait, on reconnaît le Dieu qui a promis de ne jamais délaisser ceux qui souffrent pour son amour. Il faut y voir aussi l'accomplissement des prophéties et en particulier de celle de Joël, rapportée par saint Pierre.

et la volonté, et Dieu savait payer au centuple ces offrandes volontaires en les comblant des voluptés ineffables de la patrie céleste, dont les beautés de plus en plus s'idéalisaient à leurs yeux. Ainsi par avance elles étaient acquises à Dieu, enchaînées par la violence de l'amour à l'Epoux qui, de sa voix suave, allait les appeler à lui pour récompenser leurs âmes dépouillées de leurs enveloppes périssables.

Cependant, au sein de la grotte sacrée, le chant des Laudes commençait, mêlant les notes de la prière aux murmures et aux soupirs que l'on entendait dans le feuillage des arbres. Silencieusement, les deux jeunes filles s'approchèrent, et toutes deux, pieusement agenouillées, elles firent monter vers le trône du Très-Haut les accents de leur cœur, aussi agréables, aussi odorants que le parfum de l'encens. Un Ange se détacha du groupe des esprits célestes, afin de présenter ces précieuses effusions des âmes au Dieu qui entend la prière des petits et des faibles.

Alors, le pontife renouvela en présence des

fidèles l'immolation du Calvaire. Eclairé d'un rayon d'une lumière toute prophétique, il se sentit comme pressé intérieurement d'ajouter des noms de martyrs nouveaux à ceux des premiers apôtres du Christ et du diacre Etienne. Tous enfin, heureux disciples! confondant leurs cœurs dans le baiser d'une union fraternelle, ils allèrent encore une fois retremper leur courage et corroborer leurs forces en prenant place au banquet eucharistique. . . . . .
. . . .

Derniers adieux! dernières agapes! En ce même instant, un cliquetis étrange d'armes et d'instruments meurtriers retentit à l'entrée de la grotte. Solemnis, le fidèle gardien, fit un mouvement rapide, étonné par ce bruit, comme on est tout-à-coup surpris par un coup de foudre qui éclate dans le ciel à peine chargé de nuages, puis soudain, l'oreille au guet, il poussa ce cri retentissant : « Les profanes! Voici les profanes! Veillez aux saints mystères!..... »

Il ne put parler davantage. Une main brutale le saisit à la gorge, le frappa sur la bouche et bientôt le renversa sur les dalles ; il était au pouvoir des sicaires du proconsul. Sur un signe de leur chef, ils s'étaient précipités sur le courageux chrétien et l'avaient garrotté. Batoris avait été leur guide. Le traître ! il ne connaissait que trop bien tous les sentiers qui conduisaient à la grotte, lui qui, simulant une conversion hypocrite et menteuse, avait peu de temps auparavant trompé la vigilance des pasteurs du troupeau. Loup cruel, il dévastait la bergerie.

Aussitôt les soldats pénétrant par le passage qui leur était indiqué, entourèrent l'assemblée avec rapidité, mais non assez promptement pour qu'un certain nombre de fidèles, profitant du premier mouvement de trouble, n'eussent le temps d'échapper par d'étroites ouvertures. Toutefois la plupart étaient demeurés fermes et immobiles.

Alors le tribun s'avança, et du haut des dégrés qui conduisaient à l'autel saint, montrant l'édit du proconsul, scellé du sceau impérial, il dit :

« C'est au nom de la divinité du puissant

» empereur de Rome que vous êtes arrêtés.
» Comment osez-vous abuser de sa bonté?
» Que vos cœurs répondent, vous qui ne
» craignez pas d'insulter aux lois, et qui, par
» une rare insolence, allez jusqu'à mépriser le
» culte des dieux immortels, et lui préférer les
» pratiques insensées d'une religion qui a pris
» naissance au sein d'une nation méprisable
» au fond des plages lointaines de l'Orient.
» Sachez-le donc, si vous persévérez dans votre
» erreur, vous paierez de votre vie une audace
» qui vous serait funeste. »

Quand, dans la sérénité de l'air, au milieu du brûlant solstice d'été, un orage soudain s'amasse, la fronde désastreuse de la grêle frappe avec violence, bat et roule à terre les moissons, mutile et déracine les arbres, enlève jusqu'aux toits des habitations et disperse au loin leurs débris, ainsi tombèrent sur les cœurs des fidèles les paroles et les blasphèmes du tribun. Ils demeurèrent un moment muets, interdits; mais bientôt élevant la voix, tous ensemble ils s'écrièrent :

« Nous sommes chrétiens ! Périssent les
» idoles de la cité païenne ! »

Ils eussent continué de parler, mais les soldats impitoyables, se jetant sur eux, en massacrèrent plusieurs et garrottèrent les autres en les maltraitant. De pesantes chaînes, en les assujettissant les uns aux autres, changèrent pour eux la grotte sacrée en une étroite prison.

TROISIÈME PARTIE

I

L'HEURE a sonné : des voyageurs, après avoir longtemps erré sur cet Océan pénible de la vie, vont enfin toucher le port tant désiré ; des combattants illustres, après s'être prodigués en maints engagements, vont remporter un triomphe décisif ; nous devons dérouler aux yeux de tous les pages précieuses de leur histoire. La tradition les a burinées en caractères indestructibles sur les pierres de son sanctuaire. Peut-être, si l'on s'avisait de fouiller jusque dans les entrailles de ce sol béni sur lequel repose la veille cité, peut-être serait-on assez heureux pour mettre au jour ces vestiges sacrés? Car sûrement ils y reposent, comme tant d'autres, en leur dernière demeure, jusqu'au jour du grand réveil de l'humanité au bruit de la trompette de la résurrection.

Donc, accomplissons notre tâche : c'est une œuvre d'affection, de reconnaissance. Suivons notre jeune sainte; nous l'avons vue traverser le désert de la vie, les épreuves ne lui ont pas manqué; mais, après avoir erré dans ces noires ténèbres de la misère et de l'affliction, elle arrive au bel oasis du bonheur, elle va jouir de l'éclatante lumière de l'immortalité.

La nouvelle de l'arrestation des Chrétiens, disciples du Dieu de l'Orient, n'avait pas tardé, comme toutes les nouvelles de malheur, à se répandre dans la cité, elle l'avait réveillée à l'improviste, presque en sursaut, à la façon du cauchemar hideux ou terrible, qui souvent oppresse et met en mouvement, par une impulsion subite, les membres appesantis et captifs dans les chaînes d'un profond sommeil. Quelques-uns, caractères haineux, sataniques, applaudirent, mais la plupart étaient plongés dans la consternation; plusieurs, surtout des femmes et des enfants, erraient en gémissant de maison en maison. Le soleil, à son lever, éclairait la montagne de ses rayons horizontaux ; çà et là, les ombres allongées des grands arbres surgissaient peu-à-peu au milieu des rochers dorés par son éclatante lumière. Hélas ! les pauvres captifs ne pouvaient plus jouir de son regard vivifiant qui, à lui seul, fait pour tout homme la moitié de la vie. Heureusement leurs âmes étaient à Dieu, et le Soleil divin qui éclaire la Jérusalem céleste, incomparablement supérieur à l'astre de ce monde, illuminait leurs cœurs de ses rayons sublimes. Aussi des champs de leur intérieur montait un parfum merveilleux, parfum de charité, de douceur, d'amour, d'espérance, de pardon et de résignation !

Telles étaient en particulier les dispositions des deux jeunes vierges captives, Soline et Modeste. La fille du proconsul n'avait pas déserté en face des persécuteurs; elle n'avait pas voulu se séparer de son amie. Non, elle portait dans son âme des sentiments trop généreux pour qu'une pensée semblable fût venue l'effleurer un instant. Toutes deux, comme l'oiseau qui fréquente les plaines mobiles de l'Océan, et parfois ose se balancer audacieusement sur ses ondes, elles se sentaient calmes, tranquilles, joyeuses même, malgré le déchaînement de la tempête; elles supportaient sans murmure aucun la brutale cruauté des sicaires païens.

Le même calme, la même quiétude n'habitait pas au palais du proconsul. Un instant sans doute Quirinus avait triomphé, un instant il s'était applaudi de la prompte exécution de ses ordres; mais quand il eut appris la présence de sa fille à l'assemblée des chrétiens, sa joie se changea en tristesse, en une douleur amère, profonde; ses traits se voilèrent d'un sombre nuage de chagrin: il fut atterré. Le proconsul aimait sa fille. Elle lui restait seule au monde depuis que la mort, harpie sans cœur et sans pitié, était venue fondre sur son foyer et y avait exercé de cruels ravages. Et lorsque naguère, il avait quitté la ville aux sept collines, pour venir dans une contrée lointaine prendre possession de sa charge, il n'avait pu longtemps se faire à la pensée d'en être séparé. Comment se trouvait-elle à l'assemblée des Chrétiens ? Il ne pouvait se l'expliquer. Pareil au chêne subitement renversé par la violence de l'ouragan, il se sentait lui-même brisé, anéanti, en se voyant atteint dans ses plus chères affections par les effets de sa propre colère.

Quant aux deux complices, héros d'un drame qui s'annonçait déjà sombre et lugubre, ils triomphaient, savourant en secret la joie de leur nombreuse et brillante capture. Moins cruelle peut-être, moins violente est la convoitise des tigres du désert épiant leur proie, ou des animaux féroces de l'amphithéâtre, à la vue de la pâture destinée à rassasier leurs sanguinaires appétits.

La loge infernale des conspirateurs applaudit, et l'on vit Satan lui-même pousser des rugissements de satisfaction.

Or, Quirinus gémit d'abord, abîmé dans la

violence de sa douleur. Longtemps il refusa de prendre aucune nourriture : son regard fier, son œil superbe, naguère si plein de feu, s'éteignait dans une noire mélancolie, son visage était morne et triste, le désespoir y creusa de larges sillons, et la malédiction s'échappait comme par bonds et par saccades de ses lèvres convulsionnées et tremblantes.

Certes, il eût bien voulu dès lors se soustraire aux conséquences de l'édit sanglant; mais il était promulgué, et reculer à cette heure était impossible. C'eût été se perdre lui-même sans espoir de sauver sa propre fille. A la fin, se roidissant contre lui-même, et craignant de fournir quelque prétexte à la jalousie de ses ennemis, il donna l'ordre de dresser la tente du prétoire, espérant en imposer aux victimes et les intimider par un appareil plus solennel.

De nouveau, le soleil étant déjà près de son midi, les roulements du tympanon de cuivre firent écho au loin dans les rochers.

Sauvagement, à travers leurs masses anguleuses et leurs noirs enfoncements, le son courut, brisant le sceau du silence, et allant au loin se répercuter jusque sur les collines et dans les antres creux qui environnaient la cité. Le sinistre appel fut pareillement entendu dans la grotte qui avait servi de prison à la foule des chrétiens. Les ouvertures, murées par les soldats, devinrent libres ; les gardes sortirent, puis, marchant en procession entre une double haie de prétoriens armés, les fidèles s'avançaient calmes, résignés, plutôt joyeux. Comme des pèlerins, quittant leur foyer et partant pour un lointain voyage, ainsi, les cantiques saints sur les lèvres, ils allaient, accomplissant le trajet qui sépare la grotte de la Madone bénie du palais du proconsul.

A leur tête, ainsi qu'un général au jour du triomphe, marchait Potentien, le noble et majestueux vieillard, convoitant ardemment la palme du martyre comme le digne couronnement de sa laborieuse carrière, puis venaient le prêtre Adventin, les diacres Sérotin et Eodald, enfin tout le troupeau fidèle, au milieu duquel se tenaient, les yeux doucement inclinés vers la terre, les vierges courageuses Soline et Modeste.

Durant le trajet, leurs voix s'élevaient en chœur; ils chantaient, et de leurs lèvres s'échappait comme un frémissement d'allégresse, ils chantaient ce cantique inspiré du prophète :

« Je me suis réjoui des paroles qui ont re-
» tenti à mon oreille : Nous irons dans la mai-
» son du Seigneur. »

« Jérusalem, nos pas étaient arrêtés sur le
» seuil de tes parvis..., bientôt nous irons
» rejoindre les saintes tribus dans le sein du
» divin séjour....[1] »

Et tandis qu'au-dessus d'eux, dans les feux du soleil, les oiseaux, semblables à des voix d'âmes parties, mêlaient leurs chants aux leurs, plus loin, les échos de la montagne, autres voix mystérieuses et profondes, qui paraissaient s'émouvoir à leur tour et s'éveiller, apportaient

---

[1] Lætatus sum in his quæ dicta sunt mihi... Ps. 121.

leurs graves accents, les mêlaient aux chants des fidèles, et, répétant les paroles du psaume sacré, les faisaient courir en sons mélodieux, les portaient au loin sur la surface des eaux et sous les branches sonores des grands arbres de la forêt, pour les laisser mourir lentement, suavement, comme s'éteint le murmure de la vague sur le rivage.

II

Es chrétiens arrivèrent à la tente du proconsul dressée sur le forum en face du palais.

D'abord le silence fut de mort : autour d'eux tout était confus, étrange, comme dans un rêve. Puis, dans les rangs pressés de la foule, il s'éleva des chuchotements, des murmures ; à la fin, malgré la connivence et l'excitation des sectaires qui s'efforçaient de la travailler en la tournant contre les victimes, elle resta calme, plutôt inquiète, même indignée de la mise en scène de procédés d'une barbarie toute nouvelle.

Cependant l'appareil était formidable. Quirinus avait un but : l'excès de sa douleur l'avait rendu ingénieux. Terrifier les chrétiens par un déploiement de forces tout-à-fait insolite, en vaincre quelques-uns, notamment ceux qu'il croyait les plus faibles ou par l'âge ou par le sexe, chercher à se faire des instruments par la persuasion, au besoin même par la crainte, et peut-être ainsi, réussir à sauver sa propre fille en la poussant à abjurer cette religion nouvelle, religion détestable selon lui, tel était son programme et le fond de ses combinaisons; mais il comptait sans cette force divine de la grâce, plus puissante que tous les liniments dont usaient les athlètes, qui anime et soutient les âmes, les rend invincibles dans les persécutions et les combats les plus terrifiants et les plus épouvantables. En un mot, il n'avait pas encore expérimenté ce qu'était un chrétien.

Ayant pris place sur son tribunal et promené un regard sévère autour de lui :

« Licteurs, commanda-t-il, faites avancer
» cette jeune étrangère. »

Il s'agissait de Soline dont la réputation de vertu avait gagné la ville entière, et que le proconsul soupçonnait n'avoir pas été sans posséder une grande influence sur le cœur de sa fille.

« Jeune fille, dit-il d'une voix qui cherchait
» à inspirer la confiance et la persuasion,
» pourquoi cette vertu sauvage, et cette religion étrangère que vous pratiquez ? »

— « Détrompez-vous, ô juge, reprit Soline,
» c'est la religion du Roi du ciel et de la
» terre. »

— « D'un vil Crucifié, nous le savons; naguère un gouverneur de la Judée l'a condamné
» à une mort ignominieuse en présence de toute
» sa nation. »

— « Oui, c'est vrai, Jésus-Christ le Fils
» de Dieu, a poussé l'amour pour les hommes
» jusqu'à se revêtir de notre chair mortelle et
» à se faire victime pour le salut du monde. »

— « Que dites-vous ? reprit le proconsul
» ahuri par ces dernières paroles. Quelles
» singulières inepties vous vous plaisez à débiter ?.... Le salut du monde ! Que signifient
» de pareilles expressions ? Mais au fait, vous
» êtes accusée de détourner les personnes de
» votre sexe des douceurs de l'hymen. Quels
» motifs peuvent vous inspirer de si étranges
» desseins ? »

— « Je l'avoue, repondit d'un air modeste
» et presque angélique la vierge Soline, j'ai
» voulu offrir à Dieu, mon Père, un sacrifice
» vivant et immaculé. Depuis que je suis en
» cette cité j'en agis ainsi, et n'ayant aucun
» autre bien à lui offrir, je m'offre moi-même
» à Dieu, hostie vivante, en sacrifice. »

Quirinus reprit plus vivement : « Tout cela
» est peut-être bel et bon pour des Chrétiens,
» mais pour moi qui dois veiller à l'ordre public,
» et faire observer les lois, il me faut une autre
» justification. »

Soline répondit avec calme : « Vous avez
» charge de faire observer les édits des empe-
» reurs, moi je songe à mettre en pratique les
» lois de Dieu. Vous redoutez les hommes, moi
» je crains Dieu. Vous voulez éviter toute offense
» à leur égard, mon soin est d'éviter d'offenser
» Dieu. Vous désirez leur plaire, je désire ar-
» demment plaire à Jésus-Christ. Faites ce
» qui vous paraît se concilier avec vos intérêts,
» pour moi je sais ce qui m'est avanta-
» geux. »

— « Jeune fille, dit Quirinus, prenez garde,

» vous pourriez bien ne pas parler ainsi en face
» des supplices. »

— « Non, répliqua Soline, vous n'imposerez
» pas silence à Dieu. »

— « Quoi ! reprit le proconsul, vous préten-
» driez être Dieu ! »

Soline répondit : « Je suis l'humble servante
» de Dieu, et c'est pour cette raison que j'ai
» dit les paroles qu'Il m'a inspirées, car c'est
» Lui qui a dit : — Ce n'est pas vous qui par-
» lez en présence des juges, c'est l'Esprit-Saint
» qui est en vous par sa grâce, Il parle lui-
» même par votre bouche.[1]

— « Alors, dit Quirinus surpris et ne com-
» prenant rien à cette réponse, l'Esprit-Saint
» est en vous, et c'est Lui qui parle quand
» vous parlez. »

— « L'apôtre dit, répondit la jeune vierge,
» que ceux qui vivent dans la chasteté sont le
» temple de Dieu, et l'Esprit de Dieu habite
» en eux[2]. »

---

[1] S. Matth., X.
[2] I. Cor., III.

— « Eh bien ! Soline, dit le proconsul d'un
» ton de voix dont il s'efforçait de tempérer
» l'irritation croissante, je vous conseille de
» réfléchir, car je suis résolu à mettre un terme
» à votre manière d'agir. Depuis votre arrivée
» dans cette cité, vous n'avez pas cessé de pro-
» pager la religion nouvelle de votre Crucifié,
» et de détourner, par je ne sais quelles pro-
» messes et quels charmes insidieux, les esprits
» et les cœurs de nos jeunes filles des douceurs
» du mariage. Songez-y, jeune étrangère, vous
» changerez de sentiments et de conduite, ou
» vous ne tarderez pas à payer de la vie votre
» impudence et votre audace. »

Puis se tournant vers les licteurs, il dit :

« Licteurs, allez écrouer tous ces chrétiens
» dans la prison publique. »

Les licteurs obéirent. Mais le proconsul, en prononçant ces mots, avait soufflé de ses narines comme un nuage de colère, car il avait aperçu la physionomie de sa fille dont il avait lu les sympathies ardentes pour la jeune étrangère. Il jugea donc à propos de surseoir à toute exécution. Sa pensée était d'essayer dans un entretien particulier, en s'adressant aux sentiments de la nature, de vaincre une obstination qui lui paraissait aussi ridicule que déraisonnable. Alors, d'un fourré voisin, l'oiseau-moqueur, se balançant dans l'air sur une ramille de saule qui était suspendue au-dessus de l'eau, laissa tomber de son petit gosier un flot de notes délirantes. Les sons, d'abord plaintifs et tristes, s'exaltèrent bientôt jusqu'à la frénésie ; on eût dit qu'ils accompagnaient ou suivaient quelque danse folle de bacchantes en délire. Puis, il fit entendre des notes isolées d'un ton de lamentation et de chagrin profond. Enfin, les rassemblant toutes, il les lança au large d'un air de raillerie : ainsi, après un orage, une rafale de vent dans les cimes des arbres secoue violemment la pluie qui tombe en gouttes épaisses et larges sur les branches appesanties.

Après cette scène qui avait excité les émotions, la foule lentement s'était dispersée. Quant aux fidèles, ils avaient repris leur marche louant et bénissant Dieu. Pour eux s'ouvrait comme une brillante perspective la noble carrière du martyre qu'ils ambitionnaient ; ils n'avaient garde d'en être effrayés, bien plutôt ils témoignaient à Dieu dans leurs prières et leurs cantiques la reconnaissance de leurs cœurs et leurs sincères actions de grâces. Alors, le soleil qui se couchait à l'horizon, étendit, comme un magicien, sa baguette d'or; des vapeurs vacillantes montèrent; le ciel, le fleuve, la forêt semblèrent s'enflammer à ce toucher, et tout se fondit et se mêla dans la nuit sombre.

III

Dans la vieille cité, si bien appelée du nom d'Autricum, la ville des antres, étaient plusieurs grottes longues et spacieuses[1]. La nature en travail paraissait s'être fait un plaisir d'entasser les rochers sur la hauteur de la colline. Les uns, immenses blocs de granit, étaient superposés comme à dessein, et formaient de longs toits, d'autres dressaient leurs murailles épaisses, formidables, et semblaient à demi-soulevés par de violents cataclysmes qui avaient éclaté dans le cours des âges. Tel était l'aspect de la grotte fréquentée par les Chrétiens

---

[1] Nous supposons qu'il existait plusieurs grottes, ou que la même grotte se divisait en diverses excavations ou prolongements. En cela, rien de contraire à la tradition; le bon Rouillard semble le supposer de même dans sa Parthénie (Ire partie, fol. 88 et 89.)

de la naissante Eglise. Jadis les vieux Bardes et les prêtres gaulois y avaient élevé leur autel à la « Vierge qui devait enfanter[1] » ; mais depuis, le vide s'étant fait dans leurs rangs, et le trouble s'étant mis dans leurs cérémonies, les fidèles l'avaient convertie en oratoire pour y tenir leurs pieuses assemblées et y célébrer le service divin. Non loin de cette grotte et comme creusée sur un même plan, une autre caverne non moins grande et spacieuse servait de prison publique. Au moment où les confesseurs de la sainte foi du Christ étaient entrés, quelques légers rayons d'une lumière douteuse

---

[1] Chartres n'est pas le seul endroit qui ait vu élever une statue à la Vierge-Mère. D'autres villes ont eu des statues druidiques, et cela confirme singulièrement la tradition chartraine. Guibert (De vitâ suâ, lib. II, c. I), abbé de Nogent-sous-Coucy, l'un des hommes les plus savants du XIIe siècle, rapporte que l'église de son abbaye avait été bâtie sur l'emplacement d'un bocage sacré, où les Druides sacrifiaient à la « Mère future de Dieu qui devait naître, Matri futuræ Dei nascituri. » Maintenant encore, dit le savant Souchet (mss. de 1620), on lit au-dessus de l'autel dans l'église de Nogent : « Ara Virginis parituræ. » En Bourgogne, différentes églises conservaient la même tradition.

pénétraient encore par d'étroites ouvertures à travers les inégalités que formait la jonction des rochers.

Grâce à ces reflets pâles, incertains, que laissait tomber l'astre du jour fuyant sur son char enrubanné de mille couleurs, et laissant resplendir après lui toutes les nuances de la pourpre et de l'or, les prisonniers purent apercevoir d'autres victimes qui gémissaient dans les fers, en attendant d'être données en spectacle aux regards de leurs farouches vainqueurs et d'orner leur triomphe au sein de la capitale du monde. Velléda, la grande-prêtresse, avait déjà passé de longs jours, consumant le temps en de tristes chagrins, et ne recueillant, au lieu des honneurs d'autrefois, que des injures blessantes et des avanies brutales. Bien des souvenirs s'étaient réveillés dans son âme durant ces jours de pénibles angoisses. Souvent, bien souvent, la belle Germanie, jadis si noble et si fière, comme la cavale indomptée qui n'a pas encore subi le joug, se présentait à elle, humiliée, vaincue, foulée aux pieds, plongée dans le deuil et dans les larmes. Et son cœur bondissait à cette idée : mais que pouvait-elle désormais pour sa chère patrie ? Elle-même était captive, impuissante à voler à son secours et à l'affranchir de la domination odieuse d'un vainqueur impitoyable. Les dieux l'avaient abandonnée, les augures l'avaient trahie, le glaive affamé se consumait dans la rouille... Velléda avait le cœur ulcéré ; prisonnière, elle ne pouvait que gémir !

Alors d'autres pensers se succédaient poignants et douloureux dans les longues heures de ces jours et de ces nuits qui se prolongeaient dans des lenteurs d'un mutisme effrayant ; or, une seule image, un seul souvenir avait gardé le pouvoir d'occuper son imagination vagabonde et de calmer son agitation fiévreuse. Toujours doux et toujours suaves, ces mêmes traits reparaissaient devant elle, cette physionomie par son calme la subjuguait, son aspect imposait à son esprit, et l'âme agitée de la grande-prêtresse ne pouvait s'empêcher de rencontrer dans cette contemplation comme un adoucissement à ses immenses douleurs. L'horizon si assombri de sa vie semblait revêtir des teintes moins sombres, bref il s'échappait de cette vision de vrais reflets d'une lumière inexplicable, et quelque chose, qui tenait du mystérieux et du divin, agissait dans son âme et dans son cœur. Cette image, c'était celle de la jeune chrétienne, la vierge Soline.

Les nuages de la colère, jadis amoncelés sur le front de la grande prêtresse dans les jours de l'orgueil et du triomphe, ces nuages avaient passé. Et quand une insurmontable tristesse, semblable à ces vapeurs humides qui chargent l'atmosphère, montait, montait encore, et la tenait captive, absorbée, tout-à-coup la vision, comme une fée enchanteresse, apparaissait à ses yeux. Elle apercevait la jeune étrangère belle et radieuse, l'encourageant de la voix et du geste à franchir la distance qui les séparait. Tantôt, c'était un lac profond qui s'interposait entre elles : Soline était sur une rive légèrement inclinée, luxuriante et fleurie, et se désaltérait avec aisance dans ses ondes pures comme le cristal, mais elle ne pouvait approcher, empêchée par l'escarpement de ses bords... Tantôt, elle l'apercevait au sommet d'une magnifique galerie conduisant vers un dôme splendide ; or, sitôt qu'elle essayait de franchir les premiers degrés, un énorme dragon, venant à surgir tout aussitôt, la menaçait de ses griffes et de sa gueule béante, et paralysait tous ses efforts par ses bonds effrayants. La jeune vierge l'engageait bien à ne pas craindre, et pour ranimer son courage et lui donner l'exemple, elle-même foulait du pied la tête de ce dragon terrible ; mais la prêtresse se sentait glacée d'effroi, un saisissement inexprimable s'emparait de tous ses membres, et elle restait immobile et comme pétrifiée sans pouvoir avancer d'un seul pas.

Toutes ces visions si singulières s'étaient plus d'une fois offertes à son esprit, et durant de longues heures, elle cherchait vainement à en déchiffrer l'énigme, quand un soir, le soleil achevant sa course, et la voûte azurée commençant déjà à se couvrir d'étoiles scintillantes, tout-à-coup la porte de la prison s'ouvre avec un bruit strident, et, semblable à une comète flamboyante émergeant des ténèbres, elle aperçoit au milieu de nombreux prisonniers poussés par les clameurs et les coups prodigués par les soldats, le visage radieux de la jeune fille, éclairé par un doux reflet de lumière.

Une main, apparaissant subitement, eût écrit sur les parois du rocher des paroles inconnues, la grande prêtresse n'eût pas été plus surprise. Mais elle songea bientôt à la haine que soulevaient contre eux les sectateurs de la religion nouvelle. « Pourquoi, disait-on, pourquoi » un Dieu inconnu prétend-il s'imposer à la » place des divinités de l'Olympe ? » — Maintes fois de pareilles questions étaient venues traverser l'esprit de la grande prêtresse, et fréquemment son esprit s'était vu assailli par les tourbillons du doute, sans que jamais sa sagacité pût résoudre le difficile problème ; mais une vie pure, des mœurs chastes, une conduite régulière, une sobriété admirable, tout cela, joint à un attachement invincible dans leur foi et un héroïsme qui ne se démentait pas dans les supplices, n'était pas sans agir sur son intelligence et exercer en elle une grande influence. A son sens, les bornes de la vie devaient être reculées pour ouvrir un champ libre à la récompense que méritaient de pareils actes. Dès lors, le sentiment inné au fond de l'âme d'un bonheur à venir, grandissait dans ses convictions et devenait pour elle une sorte de certitude. « Leur vie, disait-elle, a d'autres » espérances que celles de la terre. » Encore, au moment où, regardant fixement le visage de la jeune fille, elle croyait voir les reflets d'une auréole céleste environner son front, la prêtresse entendit les prisonniers, à peine distribués dans les cavités qui devaient leur tenir lieu de cellules, échanger entre eux, presque à mi-voix, ces paroles échappées à leurs poitrines comme un profond soupir : « Deo gratias ! » Bénissons le Seigneur ! »

Même, ses regards suivant avec une attention persévérante les pas de la jeune chrétienne, elle crut bientôt l'apercevoir, non loin de là, malgré les lourdes chaînes qui tenaient ses membres captifs et gênaient ses mouvements, prendre une posture humiliée, et s'adressant à son Dieu dans la prière, lui confier tous les tendres épanchements de son cœur.

Ainsi en fut-il de toutes parts dans l'immense caverne. La résignation, la soumission à la volonté divine, l'abnégation de soi-même, telles étaient les leçons que les chrétiens avaient puisées dans la pratique des conseils évangéliques à l'école du Sauveur. L'amour pur, comme un parfum, s'était répandu dans leurs cœurs; et ils ressemblaient à autant de fleurs merveilleuses qui ne s'épuisent pas, tout en remplissant l'air d'aromes. D'autre espoir, ils n'en avaient plus, ni d'autre désir dans cette vie, que de suivre humblement, d'un pas respectueux, les traces sacrées de la grande victime du Calvaire.

L'aspect de la prison parut en quelque sorte transformé : par intervalle s'élevait la voix des cantiques pieux; les nouveaux captifs, sans plainte et sans regret pour la vie présente, exhalaient vers le ciel leurs vœux et leurs soupirs. De plus en plus ils se détachaient de ce monde passager, et ils aspiraient à la bienheureuse éternité qu'il leur semblait entrevoir dans leurs espérances prêtes à se réaliser. Comme on voit du haut d'une montagne les brumes chargées de la pluie du matin rouler au loin, et, sous les pieds, le paysage apparaître dans la lumière du soleil avec ses rivières éclatantes et ses villes et ses hameaux, ainsi tout entière cette terre se dérobait et fuyait devant eux avec ses épais nuages et ses brouillards sombres. Déjà, près d'eux, dans les enivrements du bonheur, ils apercevaient la Jérusalem céleste au milieu des rayons éblouissants de la lumière de l'amour.

IV

Au dehors la nuit était commencée : la lune, rouge et sanglante, avait franchi les murs de cristal du ciel. Dans la cité, les feux du soir s'étaient allumés ; tout autour, des visages mornes étaient rassemblés. On devisait sur les évènements de la journée, on présageait ceux du lendemain, puis des plaintes s'exhalaient, on les entendait s'échapper de la voix des femmes, on surprenait les imprécations des hommes, on était ému des pleurs des enfants.

Dans la prison, les âmes des captifs étaient noyées d'indéfinissables émotions ; mais d'autres scènes ne tardèrent pas à changer cet aspect calme et tranquille.

Bientôt, par une porte étroite et basse, une torche fumeuse à la main, s'avança drapé dans un long manteau, sorte de chlamyde, un homme que l'on reconnut aisément pour un des séides du proconsul, c'était le fourbe Arminius. Il marchait à pas lents, et promenait à droite et à gauche des regards inquisiteurs. Sous le prétexte de reconnaître les captifs, il venait en réalité pour tenter de donner suite aux projets qu'il avait depuis longtemps conçus, il voulait gagner la fille du préfet de la cité, la jeune vierge Modeste.

L'instant lui paraissait merveilleusement favorable, selon lui, pour arriver à l'entière réussite de ses desseins. Prisonnière, elle devait ardemment souhaiter sa délivrance, mais compromise par sa présence à l'assemblée des Chrétiens, elle se trouvait comme livrée entre ses mains, à lui, l'exécuteur de l'édit proconsulaire. En conséquence, offrir ses services pour délivrer la jeune romaine de la situation pénible où elle se trouvait, se présenter comme l'intermédiaire le plus à portée de la tirer adroitement de la prison publique, en un mot, se poser en agent nécessaire, indispensable, mais avec la précaution de simuler tous les dehors du désintéressement le plus complet; tel était son plan. Il comptait absolument, nous devons le dire, sur le succès de combinaisons si bien ourdies. Une fois d'ailleurs le consentement de la jeune fille obtenu, rien de plus facile que de donner le change à l'opinion; le seul mot de méprise, en faisant taire tous les bruits, suffirait à justifier cette mise en liberté. Quant à son complice, quelques pièces d'argent en auraient facilement raison, il connaissait l'âme vénale du renégat. Ainsi, Quirinus et sa fille lui seraient tous deux également redevables, et la récompense d'un tel service ne pouvait laisser aucun doute à son esprit.

« Eh ! comment, noble Modeste, fit-il en
» s'approchant de la jeune captive calme et
» tranquille dans le silence de ses pensées,
» comment vous trouvez-vous ici enfermée
» dans cette sombre prison au milieu de cette
» tourbe de Chrétiens ? Assurément je ne sau-
» rais comprendre pourquoi votre illustre père
» ne vous a pas encore tirée de ces cachots
» infects ; permettez à votre indigne mais dé-

» voué serviteur de l'aller trouver sur-le-champ
» et de solliciter votre prompt élargissement. »

— « Je suis Chrétienne, Arminius, répon-
» dit Modeste. Cessez de vous apitoyer sur
» mon sort. Ma présence en ce lieu, loin de
» m'attrister, me cause la joie la plus profonde.
» Merci donc de l'intérêt que vous portez à
» ma chétive personne ! »

— « Rien de plus naturel, croyez-le, reprit
» Arminius, mon admiration pour vous et
» mon attachement sans bornes m'en font un
» devoir dont je ne puis, à vrai dire, me dis-
» penser... »

L'astucieux officier eût continué d'insister, ne demandant pour prix de sa démarche que le plus simple et le plus léger assentiment, mais la jeune captive ayant derechef opposé à ses offres le refus le plus formel, il fut contraint de battre en retraite sans avoir pu emporter le moindre espoir de réussir dans la tentative qu'il venait d'entreprendre. De même, quand le monstrueux serpent veut fasciner la proie qu'il a choisie dans sa voracité, et qu'un obstacle soudain se dressant devant lui, l'arrête, l'oblige à fuir, il semble, tant aux éclairs de ses yeux roulant précipitamment dans leurs orbites qu'aux saillies rapides de son dard empoisonné, voir à la fois la colère, la honte, la déception, apparaître dans leur hideuse et stupéfiante image.

Les Chrétiens applaudirent à la fermeté de la jeune fille, et son amie, la vierge Soline, en rendit à Dieu dans la prière de ferventes actions de grâces.

Le silence rentra dans la prison, à peine troublé çà et là par les clameurs du hibou perché à quelque distance et saluant la lune d'un rire diabolique. La lumière de l'astre frappait doucement les rochers, éclairait d'une manière fantastique certains piliers habillés par des arches de verdure, et filtrait à travers les voûtes brisées, comme à travers les crevasses d'une ruine. La plupart des captifs accablés par les émotions et les fatigues de la journée, se laissèrent quelque temps affaisser par le poids du sommeil; mais leur cœur veillait, frappant pour Dieu chacune de ses pulsations rapides, parfois précipitées.

Aucun Ange du ciel ne vint réveiller les jeunes vierges endormies, mais constantes dans leur amour et leurs résolutions.

Ainsi la nuit s'était écoulée. Le lendemain, à peine le jour avait-il paru qu'un assaut plus violent et plus terrible fut livré à la persévérance de Modeste; il lui vint du côté qu'elle pouvait redouter le plus. C'était son propre père qui, après une nuit entière passée dans l'agitation et la perplexité la plus cruelle, sentant lui-même s'ébranler sa confiance dans le retour de sa fille à d'autres sentiments, déjà perdant presque tout espoir, avait en quelque sorte abdiqué la dignité et le prestige de son caractère, et, fou de douleur et d'angoisse, était accouru à la prison où étaient renfermés les fidèles disciples du Christ.

Alors, l'ayant prise à l'écart : « Ma fille,
» mon enfant bien aimée, s'écriait-il, aie pitié
» de moi et de mes cheveux blanchis par les
» années ! Aie pitié de ton père, si je mérite

» que tu me donnes encore ce nom. Jusqu'à
» cette heure je n'ai pu vivre séparé de toi.
» Si j'ai pris tant de soin de ton enfance, si
» je t'ai conduite jusqu'à cet âge, quoi! seras-
» tu aujourd'hui sans pitié pour ma douleur!
» Ah ! ne me livre pas par une obstination
» cruelle, déraisonnable, au déshonneur et à
» la honte ! Laisse-là cette religion étrange
» qui te perd en me forçant de sévir contre
» ses sectateurs. Ma fille, ne me condamne pas
» à l'abandon, aie pitié de ton vieux père !.... »

Et le vieillard embrassait ses mains et se jetait à son cou, la suppliant d'avoir pitié de ses larmes et d'épargner de nouveaux chagrins à sa vieillesse.

De son côté, la jeune fille était profondément émue, car elle aimait son père de toute l'ardeur et la sincérité de ses affections. Longtemps ils se tinrent étroitements embrassés, mêlant leurs sanglots et confondant leurs larmes, longtemps leurs cœurs battirent ensemble, côte à côte, submergés dans la douleur. Un profond silence régnait dans la prison ; les fidèles priaient, émus par ce spectacle auquel ils n'avaient pu demeurer étrangers, ils invoquaient de toute leur âme sur la jeune néophyte, leur compagne, la force de Dieu et les grâces de l'Esprit-Saint. Un instant, l'explosion de son affliction poussée jusqu'à des limites extrêmes les troubla, l'anxiété les saisit, ils tremblèrent pour sa foi, pour son courage. Déjà, ses mains fortement enlacées autour de son père, elle semblait s'enchaîner à ses pas, et paraissait déterminée à le suivre..., l'angoisse et la stupeur se sont emparées des assistants. Modeste repousse ses chaînes, les Chrétiens se voilent le visage, le pontife détourne les yeux, Soline, affaissée sur elle-même, ne peut retenir un cri de douleur : « Non ! mon père, » s'écrie alors Modeste, je ne puis sortir d'ici ! » Je suis Chrétienne ! »

V

Quirinus sortit de la prison, la mort dans l'âme. Il était abîmé par la douleur et le chagrin que lui causait une résistance aussi opiniâtre, aussi inattendue. Son visage se contracta, il prit une teinte blême, son regard devint creux, hagard, comme celui d'un homme qui ne pense plus à rien : en un mot, il avait perdu tout espoir de sauver sa fille, et sa désolation était si profonde qu'elle semblait prête à tarir chez lui les sources de la vie.

Que faire en effet ? En persistant dans son attachement à la religion, Modeste rendait absolument impossible sa mise en liberté. Que deviendrait-il, lui proconsul, chargé de faire exécuter les édits de l'empereur, s'il se rendait coupable d'une pareille infraction ? Indubitablement ce serait sa perte. Connaissant donc par avance le sort qui lui serait réservé, et sachant qu'il paierait de sa vie toute tentative de ce genre, sans même réussir à sauver ce qu'il avait de plus cher au monde, sa propre fille, il résolut, malgré son peu de succès, de tenter de nouveaux efforts pour la faire renoncer à la religion des Chrétiens. Dans le but de mieux réussir, il voulut la priver de l'appui qu'elle paraissait trouver en la jeune étrangère, soit en la gagnant elle-même, soit en la châtiant de son opiniâtreté.

Cette dernière combinaison une fois arrêtée dans son esprit, il pensa aussitôt à la mettre à exécution.

Cependant, la vierge de Limonum, toujours inébranlable dans l'amour du Christ, son fiancé divin, s'était empressée, à peine revenue de son saisissement et de ses angoisses, d'adresser à sa jeune amie des paroles d'encouragement et de consolation. Elles tombèrent sur son cœur endolori comme les gouttes d'une pluie rafraîchissante après les chaleurs brûlantes d'un long jour d'été.

« Chère Modeste, lui dit-elle, vois l'Epoux de
» nos âmes, l'aimable Jésus, il nous attend sur
» le seuil des parvis célestes. Ah! qu'elle est
» belle la génération de ceux qui s'attachent
» au Seigneur! Leur mémoire est impérissable;
» merveilleuse est la récompense qui les attend
» dans le séjour du bonheur! Courage, chère
» amie, bientôt nous serons réunies à lui pour
» jamais! »

— « J'ai invoqué Dieu, mon Seigneur et mon
» Père, reprit Modeste, afin qu'il ne m'aban-
» donne pas au jour de la tribulation, et qu'il
» ne me laisse pas sans secours contre les atta-
» ques des ennemis de mon âme[1]. »

Puis, ne perdant pas de vue cette autre conquête qui avait tant excité sa pieuse convoitise, après avoir encore prié, Soline osa adresser la parole à la grande prêtresse.

Celle-ci, témoin depuis quelques heures de tant de scènes admirables, émue jusqu'au fond de l'âme par le spectacle des actes d'héroïsme

---

[1] Eccl. LI, 14.

qui venaient de se passer sous ses yeux, ne savait ce qu'elle devait le plus admirer de ces deux plantes si belles, si parfaitement unies, croissant pour les jardins du Christ, comme elles disaient, après avoir toutes deux puisé la vie à la même semence et s'être désaltérées à la même source. Aussi s'empressa-t-elle de prêter l'oreille aux premières paroles que lui adressa sa jeune compagne prisonnière.

» Illustre Velléda, lui dit Soline, sur terre
» le malheur nous unit, les hommes nous ont
» choisies pour les victimes sur lesquelles ils
» s'acharneront au jour de leur colère ; mais
» ne pourrai-je, aujourd'hui votre compagne
» d'infortune, vous faire partager nos espé-
» rances d'un immortel bonheur, et engager
» votre foi à ce Dieu du Ciel qui, dans une vie
» meilleure, peut seul remunérer tous nos la-
» beurs et toutes nos souffrances ? »

— « Jeune chrétienne, répondit Velléda, oui,
» je vois l'ardeur qui vous presse. Bien des fois
» depuis votre arrivée en cette cité des Antres,
» au moment où je partais avec mes fidèles

» compagnons pour les derniers combats, mon
» cœur est resté dans le trouble et dans l'anxiété,
» bien des fois votre douce image apparaissant
» dans mes songes m'invitait à la suivre, tantôt
» m'engageant à me désaltérer dans des ondes
» pures, tantôt m'apprenant à gravir à sa suite
» des hauteurs sublimes, bref, une voix inté-
» rieure me presse comme un écho de vos pa-
» roles; mais j'ignore le chemin qu'il faut pren-
» dre, l'appui qu'il faut saisir, et une sorte
» d'hésitation, quelque chose comme un lien,
» une chaîne invisible, me retient captive, arrête
» mes efforts en paralysant mes forces. Que
» faire? Je vous le demande, à vous, servante
» du Christ, qui briguez la faveur d'être réu-
» nie par les supplices et par la mort au Dieu
» que vous appelez l'Epoux de votre âme, votre
» Fiancé divin? »

— « Une seule chose, noble Velléda, croire,
» puis aimer... Oui, ce que j'ai si longtemps
» désiré, voilà que je le vois; ce que j'ai si
» ardemment espéré, je le tiens; je me sens
» déjà unie dans le ciel à Lui seul, à Celui que
» j'ai servi sur cette terre avec toute la dévotion

» de mon âme. Oh ! n'est-il pas d'une incompa-
» rable beauté, plus ravissant que toutes les
» choses de la terre, plus beau mille fois que les
» Anges qui l'entourent ? Quelle grâce dans son
» sourire ! Quelle douceur ! Quelle mansuétude !
» Quelle bonté infinie dans toute l'expression
» de son visage ! Et cette mère si bonne et si
» admirable qui l'accompagne, notre reine à
» tous et notre maîtresse, avec quelles instances
» elle m'invite à marcher vers elle, et à me
» joindre au céleste cortége pour faire partie
» de sa suite glorieuse ! Oui ! je viens ! je
» viens !... »

Le saint vieillard Potentien était là présent au milieu de son troupeau ; il avait entendu ces paroles qui, comme une prière ardente, exprimaient les sentiments de tous, il répondit à la jeune vierge et en même temps il souriait :

— « O ma fille ! ce ne sont pas là de vaines
» paroles. Oui, croyez-en votre cœur, bientôt
» la fiancée sera rendue à son Fiancé divin,
» bientôt les brebis seront auprès de leur Pas-
» teur. »

Et le saint pontife, avec le langage d'un Séraphin, parla des délices de la patrie, des enivrements éternels qui attendaient, dans le lit nuptial de l'Époux divin, la vierge chrétienne qui, ayant méprisé toutes les joies de la terre, brûlait du désir de cueillir la rose de l'amour dans les champs ensanglantés du martyre, pour s'endormir, victime prédestinée, dans le linceul d'une pureté sans tache. N'avait-il pas médité ces paroles du sage?

« ... Une vie immaculée vaut une vie entière.
» L'âme qui plaît à Dieu, devient l'objet de sa
» prédilection... Encore que sa carrière soit
» courte, elle a rempli la mesure d'une longue
» vie, parce que son âme était agréable à
» Dieu [1]... »

Tandis qu'il poursuivait ainsi son discours, Soline, qui avait reçu l'intuition que son martyre était proche, restait les yeux élevés vers le ciel, et, paraissant ravie en Dieu, elle était ivre de bonheur:

---

[1] Sag. IV, q. 11.

« O pontife vénéré, s'écria-t-elle, lorsqu'il
» eut achevé, mon âme soupire chaque jour,
» comme le cerf altéré, après cette source de
» vie éternelle. Et maintenant, je le sens, cet
» exil va finir, et je suis dans le chemin qui
» me conduit à Dieu. Oui, mon Époux céleste
» m'appelle sans cesse avec une voix si douce
» qu'il me fait languir d'amour. Si vous avez
» quelque pouvoir sur son cœur adorable,
» comme je l'espère, obtenez de lui que bien-
» tôt, la mort brisant ces chaînes, je puisse
» être unie à Lui pour jamais dans les fian-
» çailles de la bienheureuse éternité. »

Alors saisie de sentiments d'une tendresse et d'une émotion inexprimables, elle semblait dans l'attente d'être enfin réunie à son Dieu; c'était vraiment l'extase, une sorte d'auréole lumineuse environnait son front, son cœur battait violemment, elle appelait de tous ses vœux l'heure de la délivrance, cette heure bénie où les portes éclatantes de la cité céleste allaient bientôt s'ouvrir à son âme.

Tout-à-coup, dans le ravissement où elle était plongée, une vision admirable frappa ses regards. Elle vit des Anges, étendant leurs blanches ailes, parcourir d'un vol rapide toute la voie qu'elle avait elle-même suivie. Chacun de ses actes, enregistré au livre de vie en caractères merveilleux, semblait recevoir une sanction dernière.

« Soline, dit une voix, Soline, en fuyant le
» monde a sauvé son âme. Heureuse est la
» génération des âmes pures ! Elle brille d'un
» éclat incomparable, Dieu et les hommes l'ont
» en honneur, elle a les promesses de l'immor-
» talité[1]. »

Un sillon lumineux parut aussitôt, marquant la trace de ses pas, et, sur ses vestiges, le voile mystérieux de l'avenir étant soulevé à ses yeux, elle vit, à différents âges, s'avançant comme elle, du Midi vers le Septentrion, plusieurs saints personnages. L'un d'abord, humble petit pâtre, enflammé d'une ardeur singulière, paraissait donner toute son attention à déchiffrer les lettres d'un alphabet tracées sur le revers de sa

---

[1] Sag. IV, 1.

ceinture... Puis elle le revit, quelques années plus tard, pontife vénéré, assis sur le siège épiscopal de la cité Carnute, devenue de plus en plus la cité de Marie.

Un autre, de même enfant du pays des Pictaves, après avoir suivi les leçons d'un grand pape, se laissait voir avec les mêmes insignes de l'épiscopat au sein de la vieille cité. Mais il était plongé dans les labeurs d'une immense entreprise : d'une main, il semblait puiser l'or dans un vaste coffre que remplissaient tour-à-tour des princes, des rois, même un saint personnage qui portera le nom d'Hilaire[1], et de l'autre, il le convertissait en pierres, en roches énormes qu'il accumulait les unes sur les autres pour élever un monument des plus grandioses à la gloire de la

---

[1] Saint Fulbert fut élevé à la première dignité dans le chapitre de Saint-Hilaire de Poitiers; or, « tous les revenus de la trésorerie de Saint-Hilaire de Poitiers, fidèlement enfouis dans les fondations colossales du nouvel édifice, firent au Poitou la part la plus large dans cette œuvre de pieuse réparation. » (*Vies des Saints du Poitou*, par M. de Chergé, p. 187).

Vierge-Mère et Dame des Carnutes[1]... Soline voyait toutes ces choses, et ses yeux en étaient émerveillés, alors elle entendit une voix qui prononça distinctement ces deux mots :

« Lubin ! Fulbert ! [2] »

Et l'Ange allait fermer le volume marqué de sept sceaux, quand à la dernière page, elle vit encore une autre image de la Vierge sur un pilier, et lut également ces mots :

« Tuus sum ego ! »

Et plus bas :

« Eduardus Pictaviensis. [3] »

---

[1] Il s'agit de la reconstruction de la magnifique cathédrale de Chartres par saint Fulbert en 1020.

[2] Saint Lubin et saint Fulbert sont tous deux originaires du Poitou, et tous deux sont devenus évêques de Chartres. Saint Bernard de Thiron a passé plusieurs années en Poitou, mais il était né dans les environs d'Abbeville, en Picardie.

[3] Louis-François-Désiré-Edouard Pie, cardinal-évêque de Poitiers, est né à Pontgouin, au diocèse de Chartres le 26 septembre 1815. « Il a pu en toute vérité faire graver » sur ses armes : O Dame de Chartres, je suis tout » vôtre, Tuus sum ego. » (*Paroles de Monseigneur l'évêque de Chartres dans sa lettre pastorale annonçant un service solennel pour le repos de l'âme du Prélat défunt*).

Celui-ci, personnage de belle stature, était drapé dans l'ample manteau de la pourpre cardinalice, il était une des gloires de la sainte Eglise, et la vieille cité Carnute l'avait donné à sa sœur la cité poitevine comme un gage d'affection et de reconnaissance.

Soline avait contemplé toutes ces visions, elles lui paraissaient sublimes. Lorsqu'elle fut revenue à elle, Velléda qui avait écouté ses dernières paroles avec un étonnement mêlé d'admiration, sentait elle-même son cœur se fondre et s'épanouir, comme si un élément nouveau y avait tout d'un coup pénétré. Elle eût vivement souhaité de reprendre son entretien, mais au moment où la jeune vierge achevait de recouvrer l'usage de ses sens, la porte de la prison s'ouvrant avec fracas roula sur ses lourds gonds de fer, deux licteurs entrèrent, et, s'étant approchés de la jeune captive, après avoir fait tomber ses chaînes, ils lui enjoignirent brutalement de marcher devant eux.

Soline, au moment du départ, se tournant

vers sa jeune amie, la fille du proconsul, se contenta de lui adresser ces paroles à mi-voix :

« Courage ! A bientôt ! »

Quant à Velléda, saisie de ce départ soudain, au moment où, sous l'influence de la parole de la jeune Chrétienne, s'ouvraient pour elle si beaux et si splendides les horizons de la Foi, elle ne put que lui murmurer presque à voix basse ces paroles :

« Soline, je crois, mais priez votre Dieu
» d'aider ma faiblesse et d'achever l'œuvre que
» vous avez commencée. »

La vierge de Limonum se tourna vers elle une dernière fois, et, lui jetant un regard d'adieu, l'encouragea d'un gracieux sourire qui voulait dire : Merci ! Puis elle partit aussitôt à une nouvelle injonction des soldats.

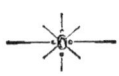

VI

Sur le passage de la jeune captive, la fleur, que bientôt allait frapper le souffle glacial de l'Aquilon, inclinait encore son brillant calice tout chargé de la rosée du matin. Des plantes robustes, les amantes privilégiées du soleil d'automne, surtout des mousses épaisses et verdoyantes qui tapissaient les rochers, inondaient de leurs pleurs humides les pieds de l'humble servante du Christ. Les chœurs harmonieux des oiseaux, à l'apparition de l'astre du jour, envoyaient vers leur Créateur l'hommage de leurs dernières chansons; l'abeille diligente bourdonnait encore en achevant de butiner sa récolte, et l'hirondelle légère, assemblée en bandes nombreuses, sur les rameaux desséchés du vieux chêne ou sur la pointe saillante d'un rocher, étonnait par son babil prodigieux, qui était comme le signal de son départ, avant de passer sous d'autres climats plus chauds et plus favorisés par la douceur de l'hiver. Ainsi, jeune fille, elle allait elle-même, cueillant sur son passage un dernier sourire de la nature, avant de voir tarir le ruisseau argenté de la vie.

Le proconsul, pressé d'en finir avec la situation qu'il s'était créée, avait déjà pris place sur son tribunal au milieu du forum. La foule, avertie par le va-et-vient et les mouvements des licteurs, s'était de bonne heure épandue autour de l'enceinte redoutable. En tous existait le pressentiment d'une crise, et personne ne se faisait illusion sur l'explosion prochaine d'un dénoûment. L'apparition subite de la jeune étrangère, conduite par deux licteurs, suffit à opérer un rapprochement immédiat vers l'enceinte du prétoire. Soline vint elle-même se placer, debout, calme et intrépide, devant le tribunal. Ses pensées absorbées par l'amour divin, paraissaient éloignées de tout ce qui se passait autour d'elle; ses yeux modestement baissés, comme il convenait à une vierge chrétienne, n'avaient pas même remarqué cet air de trouble et d'agitation qui régnait dans les traits du gouverneur, pas plus qu'elle n'avait entendu les murmures de la foule qui, par intervalle, menaçaient d'éclater dans une irritation plus grande.

« Soline, dit le proconsul, d'une voix où
» semblait se peindre une sorte d'anxiété, je
» veux avoir pitié de votre jeunesse, de votre
» isolement au milieu d'une cité dans laquelle
» vous êtes étrangère, je désire vous sauver,
» s'il est possible. Réfléchissez tandis qu'il en
» est temps encore, quittez vos égarements qui
» vous seraient funestes, renoncez aux fausses
» et pernicieuses maximes des chrétiens, ab-
» jurez enfin cette religion nouvelle que vous
» professez, jurez obéissance aux édits de notre
» auguste empereur en sacrifiant aux dieux. »

Cependant un autel avait été dressé à droite du tribunal, et sur cet autel avait été placée la statue d'une divinité, de Thémis peut-être, mère de la Loi et de la Justice. A la gauche du proconsul étaient les centurions et les soldats, derrière, les licteurs, qui portaient leur hache d'un fer poli et brillant au milieu de leurs faisceaux. Tout autour était répandue la foule. Sur un signal qui lui fut donné, le prêtre des idoles, qui se tenait auprès, s'approcha de la jeune martyre et lui présenta la coupe, remplie d'un vin pur, pour le sacrifice.

Elle était belle alors la jeune Vierge, vêtue d'une robe éclatante de blancheur; ses longs cheveux blonds tombaient en larges boucles sur ses épaules, une pudeur virginale respirait dans tous ses traits.: on eût dit qu'elle marchait au triomphe et non à la souffrance, tant il y avait de joie et de sérénité, peintes sur son front !

Alors Quirinus se tournant vers elle, lui adressa de nouveau ces paroles :

« Soline, votre sort est entre vos mains, faites
» votre choix, vous le pouvez encore : ou bien
» la mort, une mort cruelle et ignominieuse, si
» vous persistez dans votre opiniâtreté, ou bien

» la vie, une vie douce et agréable, comblée
» de jouissances et de richesses, si vous abju-
» rez une erreur funeste. Hâtez-vous de sacri-
» fier aux dieux immortels ! »

La jeune fille répondit :

« Non ! A Dieu ne plaise que les hommages
» qui Lui sont dus, à Lui, l'Epoux et le Roi de
» mon cœur, je consente à les prostituer à des
» statues inanimées ! »

— « Sacrifiez ! reprit le proconsul, encore
» une fois obéissez aux ordres de l'empereur ! »

Et la foule était émue, et les gardes eux-mêmes, malgré leurs traits durs et leur aspect farouche, étaient touchés de compassion à la vue de cette jeune fille à l'attitude si courageuse et si noble, et ils répétèrent tous d'une voix :

« Sacrifiez ! sacrifiez ! »

Or, le prêtre tenait la coupe prête. Alors, ce fut un instant solennel dans l'auditoire immense. Le silence régnait profond, absolu. Pressée de toutes parts, menacée, suppliée par le proconsul, la vierge de Limonum n'ayant en perspective que la mort, demeura calme, immobile... Peut-être en ce moment l'ange de ténèbres, transfiguré en Ange de lumière, lui apparut et essaya de lui persuader d'obéir aux ordres de l'empereur. Un sombre nuage sembla passer sur son front, mais son visage redevint souriant, son cœur ne défaillit pas dans sa résolution, seulement sa voix se tut, sa poitrine se souleva, son cœur battit avec violence, ses regards se levèrent vers le Ciel, puis invoquant Dieu avec ferveur, elle dit :

« Non ! Jamais je ne sacrifierai ! Lui seul,
» Celui qui règne dans le beau séjour de l'im-
» mortalité, Lui seul est l'amant de mon âme
» et le Dieu de mon cœur ! A Lui je veux être
» unie pour toujours ! »

En même temps, d'un pas rapide, Soline s'était rapprochée de l'idole, et, profitant de la liberté qui avait été laissée à ses mouvements, elle la poussa de la main, et la prétendue divinité roula lourdement sur le pavé de la place, et, en tombant, la tête fut séparée du tronc...

« Voyez votre dieu, dit-elle, il n'a pas su se
» défendre contre une faible femme, comment
» saurait-il nous défendre nous-mêmes ? Pour-

» rait-il nous sauver ? Ah ! bien insensés sont
» ceux qui mettent leur confiance en de pareil-
» les divinités qui ne voient et n'entendent
» point ! [1] »

Puis elle ajouta, mue par une sorte d'indignation :

« Que ceux qui les adorent et n'ont d'espé-
» rance qu'en elles, leur deviennent sembla-
» bles ! [2] »

---

[1] Allusion aux paroles du psaume : « Oculos habent et non videbunt, aures habent et non audient.... » (Ps. CXIII)

[2] « Similes illis fiant qui faciunt ea, et omnes qui confidunt in eis. » (*Ibid*, ps. CXIII). — Qu'on ne s'étonne pas de pareils actes de courage dans nos martyrs, leur foi si vive, si pure, pouvait bien éprouver des sentiments d'indignation. « Périssent tes dieux ! s'écriait « un jeune martyr, enfant de dix ans, (Domninus), en » s'adressant au préfet païen, et que leurs autels soient » réduits en poudre ! » Au même instant l'autel dressé devant le tribunal est brisé par l'Ange du Seigneur : « Vois, dit-il en riant, tes dieux sont malades ; que ne » leur donnes-tu des vêtements pour se couvrir et se » garantir contre le froid ?... » — Des Chrétiens qui volaient aux supplices, à la mort, n'avaient pas à craindre de compromettre leur vie, ils la méprisaient

Toutefois l'émotion était grande dans l'assemblée. Au silence avait succédé une sorte de tumulte. Les uns, peu partisans des divinités romaines, étaient presque tentés d'applaudir à l'acte courageux de la jeune fille, les autres eussent donné cours à leur indignation, si ce n'est qu'ils étaient comme enchaînés par l'intérêt et la nouveauté du spectacle qu'ils avaient sous les yeux. Ainsi le taureau furieux arrête soudain ses bonds et sa course, quand l'adversaire qui l'a provoqué au combat, imagine quelque ruse pour se soustraire à ses fureurs ou captiver son attention.

Mais tout cela s'était passé en un instant. Quirinus lui-même, qui eût tant souhaité l'apostasie de la jeune Chrétienne afin d'entraîner celle de sa propre fille et de la sauver, Quirinus resta comme pétrifié sur le coup, il ne savait que penser d'un pareil trait d'audace. Irrité, furieux, il l'était, la colère bouillonnait en son cœur, et

---

trop pour trembler en face des persécuteurs. (*Mémoires de la Société des Antiquaires de l'Ouest*, t. XXXVII, p. 101.)

montait comme un flot jusqu'à ses tempes. On eût dit un sanglier s'animant tout-à-coup, et dans sa furie, labourant le sol de ses défenses formidables, ou s'excitant à renverser un chêne, le roi de la forêt. Néanmoins il semblait hésiter encore à prendre un parti extrême.

« Jeune fille, s'écrie-t-il avec menace, vous
» vous repentirez de votre témérité ! »

Soline dit alors :

« O juge, cessez de menacer ou de me tenter
» plus longtemps.[1] Vos sévices ou vos faveurs,
» je les méprise également. Richesses, hon-
» neurs, j'eusse tout possédé dans le pays qui
» me donna le jour[2], mais cette vie et ses biens
» périssables, j'en fais assez peu de cas pour
» les fouler aux pieds. La résolution que j'ai
» formée d'appartenir au seul Dieu vivant et

---

[1] Dans tout ce passage nous nous sommes efforcé de rendre chacune des belles expressions de la légende, d'abord le « miratur præses in corpore muliebri virilem animum » ..... puis le « terrentemque similiter ac blandientem eâdem mentis serenitate deridet. »

[2] On n'a pas oublié ces mots : «... relictis parentibus amplissimisque divitiis... »

» véritable, j'ai la volonté de la tenir inébran-
» lable, et j'ai en horreur vos fausses divi-
» nités... »

«... O Christ Sauveur, c'est en vous seul que
» j'ai mis ma confiance, ouvrez à mon âme les
» portes de l'éternelle félicité ; ici-bas je n'ai
» cherché que Vous, je n'ai aimé que Vous, à
» Vous je me suis donnée tout entière, appelez
» à Vous l'âme qui s'est attachée à Vous pour
» jamais ; aujourd'hui je me consacre derechef
» par l'immolation du martyre. »

Soline avait prié. Tandis que l'aruspice recueillait avec une émotion visible les débris de son idole, le proconsul qui, un instant saisi, n'avait pû en croire ses yeux du spectacle qui s'offrait devant lui, éclata de plus en plus en imprécations violentes. Mais le torrent de ses malédictions passa sur la tête de la jeune martyre, semblable à la lave violente projetée au loin par la fureur d'un volcan, et la laissa parfaitement froide et insensible. Ses regards étaient restés constamment fixés vers le Ciel, et dans la prière qu'elle épanchait de son cœur, elle ne pensait qu'à son Dieu, elle ne demandait que Lui.

« Je perds mon temps ! » s'exclama pour lors le proconsul qui, pressé par une foule de plus en plus compacte, ne voyait pas sans une certaine inquiétude l'agitation grandir autour de lui, en même temps qu'il remarquait des apparences non équivoques de sympathie à l'égard de la jeune et courageuse Chrétienne. Aussitôt, d'une voix qui trahissait son dépit et son courroux de se voir vaincu par une faible femme, il prononça ce jugement :

« Nous condamnons Soline, pour mépris des
» édits de notre auguste empereur, et profes-
» sion d'une religion interdite dans l'empire, à
» être punie par le glaive. »

« Licteurs, exécutez la sentence. »

VII

LA jeune Martyre touche au terme de sa carrière ; bientôt sera rompue la trame de sa frêle existence; elle-même brûle d'un violent désir de quitter ce sol ingrat, où, du berceau jusqu'à la tombe, l'homme ne sème que dans la souffrance et ne récolte que des larmes. Elle a hâte de jouir des rayons incomparables du Soleil divin et d'entrer en partage des ineffables délices d'un monde meilleur. Déjà, par avance, un beau Séraphin a reçu de l'Eternel l'ordre de lui montrer de loin les joies célestes, et de placer près de ses lèvres la coupe de ses enivrements merveilleux, afin de la soutenir à la dernière heure, et de lui faire franchir le cruel passage qui mène à l'autre vie. Marie, la Madone bénie, qui a commencé, depuis sa récente émigration du séjour terrestre, à régner avec son Fils, le Verbe incréé, Marie se lève de son trône. Escortée d'une troupe nombreuse d'Esprits angéliques, elle s'avance à la rencontre de sa fille bien aimée, de la vierge fidèle qu'elle appelle « son premier lys » cueilli dans la cité des Antres.

Cependant Soline avait entendu l'arrêt tombé des lèvres du proconsul : un joyeux sourire avait erré sur son visage, ses traits avaient pris une expression de plus en plus céleste. Il y avait dans toute sa personne un air de véritable noblesse, dans son regard et dans son maintien une dignité souveraine. Qui l'eût vue à cet instant suprême, eût cru voir une jeune et belle fiancée, se parant de tous ses charmes, pour aller au-devant de l'époux au jour de ses noces. Oui, elle était vraiment belle la fille du vieux Pictave environnée de l'éclat du soleil jetant sur elle avec une sorte de complaisance ses feux adoucis à cette époque de l'année, et, de ses rayons obliques, lui formant à la fois une sorte de diadème et de manteau de gloire !

Une dernière fois elle éleva les mains et les yeux vers le Ciel, puis s'agenouillant avec calme, elle ramena par devant sa longue et soyeuse chevelure qui retombait en flots brillants et pressés, et inclinant sa tête sur la pierre du sacrifice, elle exposa son cou délicat au tranchant du fer.

Le licteur avait pris son arme, il allait faire un mouvement pour donner le coup fatal, mais soudain il hésita, il tremblait, même une grosse larme qu'il essuya furtivement du revers de sa main, coula de ses paupières; à la fin, sur une nouvelle injonction du proconsul, il brandit l'instrument, un éclair brilla..., le corps de la jeune fille gisait étendu sur le sol, et sa tête roula empourprée qu'elle était du sang de l'Agneau divin.

En ce moment même, dans les cieux entr'ouverts, on entendit les Bienheureux entonner tous à la fois ce cantique de triomphe :

« Elle a vaincu l'Enfer, elle a cueilli la palme !
» Entrez dans les tabernacles du Seigneur, ô
» brillante fiancée du Christ !

« Quel beau lys tout éclatant de gloire !
» Mais il a revêtu la couleur de la pourpre !
» L'Agneau divin l'a cueilli pour les jardins
» célestes !

« Elle a vaincu l'enfer, elle a cueilli la palme !
» Entrez dans les tabernacles du Seigneur, ô
» brillante fiancée du Christ ! »

Dans la prison, les Chrétiens en prière pour leur compagne, entendirent la mélodie des Anges, et ce fut pour eux tous un immense sujet d'allégresse. Potentien, le saint apôtre, et Modeste, la jeune amie de la vierge martyre, en bénirent tout particulièrement le Seigneur.

Au milieu des plaines de la voûte azurée, on vit alors distinctement un léger nuage d'une blancheur merveilleuse ; il semblait dans sa marche rapide se diriger vers les hauteurs du Ciel, en reflétant dans le lointain comme des rayons de lumière. Tous les spectateurs émus le suivaient du regard. Les uns dirent : « Ce
» sont des colombes parties pour un long
» voyage. » — « Non, répondirent quelques
» Chrétiens échappés à la captivité, ce sont les

» Esprits célestes qui font cortège à la glo-
» rieuse Martyre... »

Or, une des druidesses ou fées de la montagne qui était présente à ce spectacle, comme poussée par un génie inconnu, s'écria dans une sorte de langage inspiré :

« Voici, dit-elle, voici les fleurs qui plaisent
» à la « *Vierge qui doit enfanter* », elle les cueille
» pour ses parterres de l'autre monde, mais de
» tels lys ne croissent pas dans nos vallées [1]. »

Tous ces prodiges éclatant à la fois accrurent encore l'émotion des assistants ; chacun y vit des signes indubitables de la félicité dont allait prendre possession la jeune Victime. La foule maudit la fureur barbare de l'impitoyable tyran, et, s'agitant près de la dépouille sanglante, elle facilita à quelques femmes le projet qu'elles avaient conçu d'emporter le corps et de l'ensevelir pieusement dans la petite grotte qui avait

---

[1] Les druidesses ou fées « se vouaient en certains lieux à une virginité perpétuelle ; ailleurs, quoique mariées, elles s'astreignaient à de longs célibats. » (*Encyclopédie catholique,* t. XII, p. 233).

longtemps servi de demeure à la jeune Martyre, du côté du soleil levant, au pied de la montagne sur laquelle s'échelonne l'antique Autricum, et à l'endroit même où nos pères élevèrent depuis à sa mémoire un temple splendide dont elle a partagé l'honneur avec les bienheureux princes du collége apostolique[1].

---

[1] *Nous avons parlé au commencement du volume de l'église Saint-Pierre.* — M. Ch. de Chergé nous fournit les renseignements suivants peu différents de ce que nous avons écrit : « Le corps de la douce victime fut » recueilli secrètement par les fidèles, qui l'enterrèrent » au lieu où fut élevée depuis la célèbre abbaye de » Saint-Père-en-Vallée, et il plut à Dieu d'honorer la » mémoire de sa chaste épouse par une puissance de » miracles, telle que les siècles ne purent affaiblir la » confiance que toute la contrée avait en son interces- » sion. Mais la fête de la Sainte n'était nulle part plus » solennelle que dans l'église abbatiale de Saint-Père. » qui avait le privilège de posséder son corps entier. » Trois jours dans l'année lui étaient consacrés : le » premier (17 octobre) était celui de l'aniversaire de » son martyre ; le second (27 août) était celui de l'in- » vention et de la translation de ses reliques ; le troi- » sième enfin (3 mars) était celui de leur retour après » plus d'un siècle d'absence. » (*Vie des Saints du* » *Poitou*, p. 18.)

Son culte ne tarda pas à devenir populaire à Chartres, aussi bien que dans la contrée entière[1], grâce à la vénération qu'elle avait inspirée par ses vertus, comme aux nombreux miracles qui s'opérèrent sur son tombeau[2]. On raconte que fréquemment dans la nuit des temps, au milieu des erreurs païennes ou des monstruosités enfantées et répandues par l'enfer, le visage radieux de la puissante Martyre, protectrice de la Cité, apparut comme un brillant soleil pour dissiper ces épaisses et dangereuses ténèbres[3]. Mais ce qui a été principalement

---

[1] Le 17 octobre, jour de la fête de notre Sainte, dont les moines de l'abbaye de Saint-Père de Chartres possédaient le corps, le fermier de la terre de Préaux, paroisse de Ver, possesseur d'un petit fonds qui avait appartenu aux religieux, était obligé, sous peine d'une amende de trois livres, de présenter dans leur église à l'offrande de la grand'messe, une oie blanche ayant une gousse d'ail suspendue au cou par un fil de soie rouge (*Cartulaire de l'Abbaye de Saint-Père*, t. I, p. CCLXVI).

[2] *On peut lire la note que nous avons insérée à la fin de la légende du bréviaire.*

[3] C'est encore la prière que l'Église de Chartres

célébré par la reconnaissance des peuples, c'est ce pouvoir que les saintes reliques de la Bienheureuse possédaient de calmer les tempêtes et les intempéries, ou de mettre un terme à une sécheresse nuisible aux biens de la terre[1].

Cependant tout n'était pas terminé : d'autres victimes restaient à immoler. Quirinus, de plus

---

adresse à Dieu par l'entremise de Sainte Soline :
« Quæsumus, omnipotens Deus, ut meritis precibusque
» beatæ Virginis et Martyris tuæ Solinæ, verus sol
» mentibus nostris irradiet, et tenebras peccatorum
» nostrorum depellat... »

[1] Les précieux restes de sainte Soline existaient encore en 1790 ; ils étaient enfermés dans un remarquable reliquaire du XIVᵉ siècle. Reliquaire, cendres, tout a disparu ; mais la dévotion des fidèles a survécu à la perte de ce regrettable trésor, et, au moment où elle tendait à s'affaiblir sous la triste action du temps, elle s'est ravivée à la lecture d'un écrit tracé par une plume consacrée à redire toutes les gloires du pays dont elle est elle-même une gloire. (*Monseigneur Pie, alors vicaire-général de Chartres*).

en plus exaspéré par l'attitude menaçante de la foule, était en proie à une violente colère. Deux hommes se tenaient à ses côtés qui, ayant contemplé d'un œil ferme tout ce spectacle, irritaient encore le proconsul : c'étaient les deux complices Arminius et Batoris. Ils avaient suivi le coup donné par le licteur, et leurs traits avaient exprimé un sourire de satisfaction et de triomphe en voyant tomber une première victime.. Enhardis par le succès, non moins altérés de sang que de véritables tigres, ils voulurent profiter de cet instant de paroxysme et de fureur dans lequel ils voyaient le gouverneur :

« Seigneur, dirent-ils, que faire des autres chrétiens captifs dans la prison ? »

— « Qu'ils abjurent leurs croyances impies » ou qu'ils meurent ! » répondit-il.

Les bourreaux à l'instant s'élancèrent vers la prison, comme une bande de loups se rue au carnage, et sauf les captifs pris à la guerre et réservés pour le prochain triomphe du vainqueur, qui seuls devaient être épargnés, ils commençaient d'égorger sans pitié tous ceux qui se déclaraient chrétiens. Bientôt ils arrivèrent près de Modeste. Alors, la fille du proconsul inclinant sa tête virginale devant le glaive du meurtrier : « Frappe, lui dit-elle, je suis Chrétienne.... »

Or, ce meurtre était à peine commis qu'un grand bruit de pas semblable au grondement du tonnerre par un temps d'orage, se fit entendre au dehors, c'était le peuple qui accourait à son tour vers les prisons, et l'on entendait au milieu de cris formidables retentir ces paroles:
« Il est mort ! Il est mort ! Le tyran a payé
» de sa vie les crimes qu'il a commis !... »

Effectivement, Quirinus bouillonnant de colère et de rage, avait senti comme un flot de sang monter jusqu'à sa tête, ses temps s'étaient gonflées avec violence, ses yeux injectés de sang s'étaient subitement voilés, sa bouche vomissait l'écume, son cœur ne battait plus, il était tombé à la renverse de son siège, en un moment il avait cessé de vivre. C'est alors que le peuple s'élançant vers les prisons où l'ordre était donné de continuer les massacres, venait d'apporter la tragique nouvelle qui mit fin à tant d'excès.

Les exécutions sanglantes furent arrêtées, les portes, restées ouvertes, rendirent la liberté à un grand nombre de fidèles de la naissante Eglise, notamment au saint apôtre Potentien, à saint Adventin, son disciple, et le premier évêque de la cité Chartraine, ainsi qu'aux diacres Sérotin et Eodald, qui continuèrent dans la contrée le cours de leurs labeurs apostoliques[1].

Les restes inanimés de la courageuse martyre, Modeste, et des autres victimes qui venaient d'être frappées par le glaive des bourreaux furent jetés au fond du puits, appelé depuis cette époque « Puits des Saints-Forts[2] »,

---

[1] *Voir pour la détention de ces saints personnages et leur délivrance de la prison dans la cité Carnute, la légende de saint Potentien.*

[2] « A Padoue, en Italie, où l'évêque Prodoscime fut » envoyé par saint Pierre, en l'an 46, un puits, appelé » des Saints-Innocents, est rempli des ossements des

et ainsi ils allèrent rejoindre ceux de leurs frères dans la foi, qui avaient péri la veille lors de l'invasion de la sainte grotte.

Quant à la grande prêtresse Velléda, ayant sans doute recouvré sa liberté en cette circonstance, elle prit part à de nouvelles guerres et à de nouveaux combats pour assurer l'indépendance de sa patrie, mais encore une fois vaincue et captive, elle alla derechef, après avoir orné le triomphe d'un général romain, gémir dans les prisons de Rome[1]. Heureuse si, à la dernière heure de sa vie, désabusée enfin de tant d'agi-

---

» nombreux Chrétiens qui furent martyrisés sur la » place du Prato, dans la persécution de Néron. » (L'abbé Rolland, *Promenades en Italie*, p. 256). Ce document confirme merveilleusement la tradition chartraine.

[1] Velléda prit une part active à la révolte de Civilis et des Bataves contre Vespasien, en l'an 70, puis voyant le succès des armes romaines, elle aida Céréalis, lieutenant de l'empereur, à pacifier le pays. Il paraît que, plus tard, elle essaya d'exciter une nouvelle insurrection; elle fut prise par Rutilius Gallicus, et menée en triomphe à Rome.

tations et de luttes stériles, entreprises pour la patrie de la terre, elle se souvint de la promesse faite à la jeune Martyre, et si un pur rayon de la grâce vint illuminer cette ardente et noble intelligence, et la conduire au triomphe qui attend les âmes généreuses dans la patrie du Ciel !

TABLE DES MATIÈRES

	Pages.
Préface	5
Légende de sainte Soline tirée du bréviaire	33
Légende de saint Savinien et saint Potentien, martyrs	39
Avant-Propos	45

PREMIÈRE PARTIE

Chapitre I	47
Chapitre II	59
Chapitre III	74
Chapitre IV	82
Chapitre V	93

SECONDE PARTIE

Chapitre I	107
Chapitre II	115
Chapitre III	124

TABLE DES MATIÈRES.

Chapitre IV 139
Chapitre V 151
Chapitre VI 162
Chapitre VII 172
Chapitre VIII 186
Chapitre IX 194

TROISIÈME PARTIE

Chapitre I 207
Chapitre II 216
Chapitre III 224
Chapitre IV 234
Chapitre V 242
Chapitre VI 255
Chapitre VII 266

www.ingramcontent.com/pod-product-compliance
Lightning Source LLC
Chambersburg PA
CBHW050644170426
43200CB00008B/1151